KB078637

적정기술이란 무엇인가

세상을 바꾸는 희망의 기술

차례
Contents

적정기술의 시대가 온다

　아프리카 케냐 서부에 사는 매튜 씨는 비 한 줄기 없는 건기에도 채소를 재배할 수 있게 되었다. 이 변화는 한 적정기술단체에서 보급한 족동식 관개펌프 때문이다. 발로 펌프질만 하면 밭에 물을 대주는 이 기계 덕분에 아프리카 농민들은 이제 1년 내내 농사를 지을 수 있게 되었다. 수입도 연 110달러에서 1,100달러로 10배 늘었다. 선진국에서는 새롭지 않은 이 낡은 기술이 아프리카 농민들에게는 그 어떤 첨단기술보다 편리하고 유용하게 쓰이고 있다.

　지난해 EBS 다큐프라임 〈착한 기술, 희망을 쏘다〉에서 소개되었던 한 사례이다. 이 프로그램에서 아프리카 빈곤문제를 적정기술(appropriate technology)과 나눔의 정신으로 해결하고자 하는 현장이 소개됐다.

이렇게 적정기술은 전 세계의 고질적인 문제들의 또 다른 해결책으로서 주목을 받고 있다. 과연 적정기술이 무엇이기에 막대한 원조로도 해결할 수 없었던 다양한 문제들을 해결할 수 있는 대안으로 떠오른 것일까?

기술이 아닌 사람이 중심인 시대로

『2020 새로운 미래가 온다』에서 LG경제연구원은 앞으로의 시대 변화를 '디지털시대에서 스마트시대로의 변화'로 특징짓는다. 디지털시대는 더 빠른 속도, 더 많은 용량 등으로 요약되는 기술집약적인 발전이 스포트라이트를 받은 시대였다. 반면 스마트시대는 사람을 주인공으로 내세워 '기술은 누구를 위해 존재하는가?' '진정으로 좋은 기술이란 무엇인가?'라는 물음을 던진다. 사람이 다시금 과학기술의 주인공으로 복귀하는 패러다임의 전환에 적정기술이 자리 잡고 있다.

적정기술은 기술이 아닌 인간의 진보에 가치를 두는 과학기술을 총칭한다. 이 때문에 적정기술을 단순히 기술의 한 종류로 이해한다면 적정기술이 스마트시대에 갖는 의미는 상당히 축소될 수밖에 없다. 오히려 적정기술을 인간의 과학기술과 도구에 대한 관점으로 받아들일 때 우리는 적정기술의 풍성한 의미를 제대로 이해할 수 있다.

그 관점이란 과학기술은 중립적이지 않으며 때로는 지극히 정치적일 수 있다는 것에서 시작된다. 한동대학교에서 과학철학을 가르치는 손화철 교수는 "기술은 단순한 도구가 아니라 우리의 사고와 삶의 방식에 영향을 미치는 정치적 특성을 가진다"고 말한다. 기술은 특정한 목표를 달성하기 위한 수단으로서의 도구가 되기 때문이다.

기술은 이중적인 면이 있다. 사람은 기술에 의존하곤 한다. 하지만 기술은 그와 동시에 사람들을 기술로부터 소외시킨다. 세계적인 미래학자이자 인터넷의 아버지로 불리는 니콜라스 카는 『생각하지 않는 사람들』에서 "기술이 힘을 지니기 위해서 우리가 지불한 대가는 소외다"라고 결론짓는다. 미국의 워싱턴 싱크탱크 연구소장에서 오토바이 수리공으로 전직한 매튜 크로포드도 문제작 『모터사이클 필로소피』에서 "어떤 기술은 우리에게 자연스럽게 체화된 행위의 주체성을 처음부터 가로막는다"고 지적한다.

기술 발전 중심의 디지털시대에서 인간 중심의 스마트시대로 접어들면서 불편하더라도 소외를 방지하고 주체성을 강화하는 기술이 더욱 각광받을 것으로 예상된다.

적정과 기술의 만남

우리는 기술에 둘러싸인 삶을 살아가고 있지만 세계에는 아직도 기술의 혜택을 받지 못한 이들이 많다. 전 세계 인구 70

억 명 중 10억 명은 아직도 과학기술의 혜택을 받지 못하는 극빈층이다. 첨단기술이 시공간을 넘나들며 새로운 시대와 가능성을 제시하는 동안 다른 한편에서는 기본적인 삶을 살기 위해 필요한 기술조차도 턱없이 부족한 것이 현실이다.

적정기술은 최첨단 기술이 아니더라도 삶을 좀 더 풍요롭게 살아갈 수 있도록 하는 원동력을 제공한다. 예를 들어 한국국제협력단(KOICA)은 아프리카 농민들에게 못줄을 세우는 방법을 알려주고 1960~1970년대에 우리나라에서 쓰던 탈곡기를 보급해서 저개발 지역 사람들의 농업 생산량을 증가시키는 데 도움을 준다. 이처럼 최첨단 기술이 아니더라도 사용자에게 적합하고 필요한 기술을 우리는 적정기술이라고 부른다.

신동윤 메타트렌드미디어그룹 수석연구원은 낮은 수준의 기술이 높은 수준으로 사람을 배려한다는 의미인 '로 테크 하이 콘셉트(low-tech high-concept)'와 관련해 기고한 글에서 기술의 발달이 사람의 이해를 넘어서는 순간, 즉 '특이점(singularity)'을 언급한다. 그는 "특이점을 넘어서는 순간 기술의 발달에서 인간의 역할은 사라지고 기술이 스스로 기술을 발달시키는 상태가 된다"고 말한 바 있다. 자칫 잘못하면 인간이 기술에 종속된 삶을 살게 된다는 이야기다. 그는 미래학자 레이커즈와일을 인용하며 그 특이점은 2056년 즈음이라고 예측했다. 이런 관점에서 적정기술은 기술에 적정한 브레이크를 걸어주는 역할을 한다고도 볼 수 있다.

적정기술은 사용자의 역량을 확충하는 기능을 통해 인간에게 보편적인 삶의 질을 누리는 권리를 일깨워준다. 그런 의미에서 적정기술은 착한 기술, 인간의 얼굴을 한 기술, 따뜻한 기술 등 다양한 이름으로 불리기도 한다. 여기서 따뜻한, 착한이라는 단어가 기술이라는 가치중립적인 개념에 적용됐다는 것은 바로 적정기술이 사람을 위한, 사람을 중심에 두는 가치 지향적 기술이라는 점을 의미한다.

적정기술의 역사

적정기술은 1965년 영국의 경제학자 에른스트 슈마허(Ernst Friedrich Schumacher, 1911~1977)가 쓴 『작은 것이 아름답다(Small is Beautiful)』에서 '중간기술(intermediate technology)'이라는 개념으로 처음 소개되었다. 첨단기술과 토속기술의 중간에 위치한다는 의미로 쓰인 중간기술은 그것이 사용되는 현지 사람들의 직접적인 필요를 채우는 기술, 지역에서 생산되는 재료를 기반으로 하는 값싼 기술, 손쉽게 활용될 수 있는 기술을 뜻했다. 슈마허는 생태계를 파괴하고 희소한 자원을 낭비하는 대량생산(mass production) 대신 대중에 의한 생산(production by masses)을 강조하면서 지역에서 생산되는 자원을 최대한 활용하고, 저렴하며, 전문가가 아니더라도 사용법을 쉽게 익힐 수 있는 기술 개발을 제창했다.

이와 같은 슈마허의 개념은 간디(Mohandas Karamchand Gandhi, 1869~1948)로부터 비롯되었다. 비폭력 무저항 운동의 창시자인 간디는 물레를 통한 전통적인 방식의 천 짜기를 통해 처음으로 적정기술의 상징적인 행동을 전 세계에 선보였다. 슈마허는 바로 간디의 이러한 행동에 영향을 받았다. 그는 자신의 철학이 사람들의 삶을 실제적이고 지속적으로 향상시킬 수 있다는 것을 증명하기 위해서 1966년 '중간기술개발집단(Intermediate Technology Development Group, ITDG)'을 영국에 설립한다. 그리고 1973년 슈마허는 적정기술의 기념비적인 저서 『작은 것이 아름답다』를 출간하게 된다. 앞서 말한 것과 같이 슈마허는 이 책에서 저개발국가의 토착기술보다는 훨씬 우수하지만 선진국의 거대기술에 비해서는 값싸고 소박한 중간기술이란 개념을 선보인다.

제2차 세계대전 이후 미국에서는 해리 트루먼 대통령이 'Point Four'라는 프로그램을 발표한다. 1949년 6월 24일에 발표된 연설에서 트루먼은 미국이 저개발국가에 두 가지 기술 지원을 할 것을 제안한다. 하나는 경제개발을 위한 기술적, 과학적, 경영학적 지식을 전수하는 것이고 다른 하나는 생산기업을 설립하기 위해 생산 기구와 재정을 보조하는 것이다. 이러한 원조 계획에는 커다란 문제점이 자리 잡고 있었다. 그것은 모든 국가가 똑같은 형태의 산업화 과정을 따라야 한다는 전제였다. 문화적 환경을 전혀 고려하지 않는 공여국의 일방적 지원이 가

9

지는 한계는 지금도 개발협력계의 치열한 논쟁거리이다.

민간 차원에서는 1959년에 일부 과학기술자들이 저소득 공동체의 경제적, 사회적 발전에 필요한 적절한 자원을 제공하기 위한 조직인 '기술원조를 위한 자원봉사자들(Volunteers in Technical Assistance, VITA)'을 만들었다. 1969년에는 존 토드(John Todd)가 매사추세츠에 '신연금술 연구소(New Alchemy Institute)'를 설립하였으며 캘리포니아에는 '패럴론 연구소(Farallons Institute)'가 설립되었다. 이들에 의하면 적정기술은 ① 모든 사람들이 사용할 수 있도록 저렴할 것 ② 쉽게 사용할 수 있고 수리할 수 있도록 단순할 것 ③ 소규모 운영에 적합할 것 ④ 인간의 창의성에 부합할 것 ⑤ 환경 보존에 대한 경각심을 일깨울 수 있을 것 등의 조건을 갖추어야 한다. 이들은 학문적 경계를 뛰어넘어 자신들의 지식과 기술이 근본적으로 새로운 목적에 부합하도록 윤리적, 생태적, 정치적, 그리고 심지어 형이상학적 차원에서 과학적 연구와 기술적 혁신이 생겨나는 맥락 자체를 재정의하려는 노력을 했다.

슈마허가 중간기술 아이디어를 처음 구상했을 때 중간기술은 값싸게 에너지를 구입할 수 있었던 서구의 대규모 노동축소 기술과 달리 빈곤국의 자원과 필요에 적합하게 소규모이며 간단하고 돈이 적게 드는 기술을 의미했다. 그러나 얼마 지나지 않아 부국에서도 그 상황에 적합한 새로운 형태의 기술이 필요하다는 것이 증명되기 시작했다. 석유 부족과 환경 파괴, 비인간적인 노동에 대한 저항, 실업과 같은 위기 상황 속에서 전 세계는 중간기술의 필요성을 절감했다. 인간이 중심이 되는 경제적인 기술이 중요시된 것이다.

1973~1974년에 있었던 석유 파동으로 인해 미국인들은 값싸고 풍족하다고 여겼던 석유가 한순간에 고갈될 수 있다는 사실을 깨닫게 된다. 이에 지미 카터 대통령은 몇 가지 에너지 보존 방안 대책을 강구하게 되었다. 그는 1976년에 몬태나 주에 '국립적정기술센터(National Center for Appropriate Technology, NCAT)'를 설립했으며, 1979년에는 백악관에 태양광 패널을 설치했다. 국립적정기술센터의 목표는 저소득 공동체의 삶을 향상시키도록 돕는 데 있었다. 그 당시 저소득 가정의 가장 큰 걱정은 에너지였으므로 국립적정기술센터는 초기에 에너지 관련 기술개발에 중점을 두었다. 같은 해에 캘리포니아의 브라운 주지사는 저소득층 가정과 소수 민족의 삶의 질을 향상시키기 위해 주정부 내에 '적정기술국(The Office of Appropriate Technoloy)'을 설립하기에 이르렀다.

하지만 적정기술에 대한 미국의 이러한 노력은 오래 지속되지 못했다. 카터 정부의 재정보조하에 이루어진 적정기술의 부흥은 신자유주의를 표방하는 레이건 정부가 들어서자마자 쇠락하고 만다. 시장중심주의와 함께 강한 미국을 표방하는 미국의 재응성화(remasculinization) 흐름에서 적정기술은 시민권 운동, 여권 운동, 환경주의 운동, 베트남전 패배 등을 통해 강한 미국과는 어울리지 않는 개념으로 인식되어 쇠퇴하였다. 한때를 풍미했던 적정기술은 레이건이 취임한 지 몇 달 만에 학회,

미디어, 학술 프로그램, 서적들에서 전혀 다루어지지 않는 개념으로 전락했다.

하지만 정부 차원의 적정기술 운동이 동력을 잃었다고 해서 적정기술 운동 자체가 사라진 것은 아니다. 이후 적정기술은 NGO(비정부기구)에 의해서 명맥을 유지하게 된다. 예를 들면 콜로라도의 정신과 의사 폴 폴락(Paul Polak)은 1981년 '국제개발회사(International Development Enterprises, IDE)'를 설립하고 1982년에 소말리아의 난민촌을 방문하면서 공식적인 업무를 시작하였다. 이들은 소말리아에서 당나귀 수레를 개조하는 것을 도와주었으며 방글라데시에서는 수동식 관개펌프를 보급하고 농부들의 수입이 증대되도록 도와주었다. IDE는 이들 프로젝트의 성공을 통해 적절한 기술이 시골의 가난한 사람들을 빈곤으로부터 탈출시킬 수 있다는 믿음을 가졌다. 이들은 이후에 '관개와 소규모 시장을 통한 빈곤 감소(Poverty Reduction through Irrigation and Smallholder Markets, PRISM)'라는 독특한 모델을 사용해서 시장의 접근성 향상, 수확량 증대, 지역 사업 창출 등을 통해 시골의 가난한 사람들의 수입을 증대시키는 것을 돕고 있다. 이후 폴 폴락은 디자인 혁명(design revolution)을 뜻하는 비영리기구 디 레브(D-Rev)를 통해 하루 2달러 이하로 살아가는 주민들의 보건과 소득증진에 힘쓰고 있다.

1991년에는 수완 있는 기계공이었던 닉 문과 스탠퍼드 대학교 기계공학 박사 출신의 마틴 피셔가 케냐에 있는 아프로텍

(ApproTec)을 설립했다. 이 조직은 현재 '킥 스타트(Kick Start)'로 명칭을 바꾸어 활동하고 있다. 킥 스타트는 수백만의 사람들을 빠른 시일 내에 가난에서 벗어나게끔 도와주고 있다. 그들은 비용과 효율성을 따져 지속 가능한 사업을 통해 세상이 가난과 싸우는 방법을 모색하고 있다.

아프리카 보츠와나에서 2년간 평화봉사단(Peace Corps)에서 활동하고 미국으로 돌아온 에이미 스미스(Amy Smith)는 2003년에 매사추세츠 공과대학교(MIT)의 기계공학과에 D-lab 과목을 개설했다. 이 과목은 방학 중에 개발도상국을 방문하여 현지의 문제점을 파악한 후 학기 중에 이러한 문제점을 공학적으로 해결하기 위한 공학설계를 실시하고 있다. 지금까지 나온 주요 설계 제품으로는 사탕수수 숯, 태양광 살균장치, 드럼통 세탁기 등이 있다. 스탠퍼드 대학교에는 '누구나 누릴 수 있는 제품개발을 위한 기업가적 디자인(Entrepreneurial Design for Extreme Affordability)' 과목이 경영학과 교수인 짐 파텔(Jim Patell) 등에 의해서 2003년에 대학원에 개설되었으며 MIT의 D-lab과 유사한 커리큘럼이 운영되고 있다.

이와 같이 적정기술은 국제개발 NGO 등과 같은 기관들과 학계에서 그 명맥을 유지해왔고, 지금도 국제개발 분야에 중요한 개념을 제공하고 있다. 예를 들면 유엔을 중심으로 한 국제사회가 추진하고 있는 유엔 새천년개발목표를 달성하는 데 있어서 가장 큰 도전은 빈곤계층의 자립을 위해 역량개발을 지원하는 것이다. 이를 위해서 가난한 사람들이 구매할 수 있을 만큼 저렴하고, 사용 방법이 쉬워야 하며 그들의 삶이 개선될 수 있는 구체적인 도구가 필요하다. 적정기술이 바로 그러한 도구가 된다. 적정기술과 국제개발협력의 만남은 앞으로의 적정기술 역사에서 가장 빈번히 언급될 주제 중 하나가 될 것으로 전망된다.

적정기술이란 무엇인가

적정기술의 정의

1960년대 중반 제3세계에서 경제적, 기술적, 사회적 문제들이 제기되자 영국의 경제학자 슈마허를 비롯한 몇몇 학자들은 기존 전통사회의 조건들과 기술적 발전이 조화를 이루면서 경제적 개선을 도모할 수 있는 방법을 개발하려고 노력했다. 앞서 살펴본 것과 같이 슈마허는 이를 중간기술이라 부르는 개념으로 발전시켰다.

중간기술의 정의는 다음과 같다. ① 사람들이 살고 있는 지역에 존재해야 한다. ② 일반적인 사용이 가능할 만큼 충분히 저렴해야 한다. ③ 희소자원의 낭비가 적어야 한다. ④ 분산형

에너지를 사용해야 한다. ⑤ 상대적으로 간단한 기술과 현지 재료를 사용한다. ⑥ 일자리를 창출할 수 있는 기술로 이어져야 한다.

슈마허가 제시한 중간기술은 종종 적정기술 또는 대안기술로 표현되기도 하지만 오늘날에는 적정기술이 다른 두 개념에 비해 선호된다. 세 개념이 모두 비슷한 의미를 지니고 있지만 중간기술이나 대안기술이 항상 적절한 기술을 의미하는지는 명확하지 않기 때문이다.

한스 바커(Hans Bakker)는 그의 논문 「스와데시 혹은 적정기술에 대한 간디적 접근」에서 적정기술을 인간이 생활하는 데 기본적으로 필요한 일에 대해 긍정적 영향을 줄 수 있는 모든 종류의 기술로 정의한다. 그는 이런 발전이 인간의 생활을 긍정적 발전으로 이끄는 경향을 가지고 있다고 주장한다. 바커는 의식주, 건강, 교육과 같은 인간의 기본적 필요를 충족시켜주지 못하는 기술은 적정한 기술이라고 볼 수 없으며 따라서 하위 20퍼센트의 사람들이 혜택받지 못하는 상태로 방치되게 만든 성장 위주의 경제 전략과 이를 뒷받침하는 기술은 적정기술이 될 수 없다고 주장한다. 한편 미국의 국립적정기술센터는 적정기술을 '활용되는 상황에 비추어 비용과 규모 면에서 적합한 도구 또는 전략'이라는 넓은 개념으로 정의한다.

기술적 관점에서 어떠한 기술은 그것이 지역적, 문화적, 경제적 조건과 양립 가능하고, 지역적으로 물질과 에너지원이 이용 가능하며, 그 지역이 사람들에 의해 그 도구와 과정들이 유지되고 작동될 수 있을 때 적절한 것으로 여겨진다. 따라서 기술은 그것이 사용되는 문화, 사회, 경제, 정치적 기구들과 조화를 이룰 때 적정한 것으로 간주된다. 다시 말해 현실 속에서는 각 지역의 특성이 다르기 때문에 한 지역에서는 적정한 기술이 비슷한 상황에 처한 듯 보이는 다른 지역에서는 적정한 기술이 아닐 수도 있다는 것이다.

덧붙여서 어떤 기술이 단순히 보급되는 차원에만 머무는 것은 바람직하지 않다. 예를 들어 식수가 부족한 아프리카의 한 마을에 전자식 지하수 펌프시설을 구축하는 것은 일시적으로 해당 시설을 사용할 수 있는 권리만 가져다 줄 뿐이다. 해당 기술을 충분히 향유할 수 있는 안정적인 전기 공급, 소모자재의 시기적절한 공급, 설비운용과 유지보수를 담당하는 기술 및 인력 등이 없다면 그 기술은 지속가능하지 않으며 지역주민은 이전보다 더 자유로워질 수 없다. 이러한 비적정기술(Inappropriate Technology)은 지역 발전에 장애물이 될 뿐이다.

적정기술의 조건

적정기술의 의미에 대해서는 다양한 견해가 존재하며 세월이 흘러감에 따라 변하기도 한다. 하지만 일반적으로 적정기술의 조건에는 다음과 같은 내용이 포함된다.

적은 비용으로 활용한다

적정기술의 가장 중요한 특징은 현지인들이 해당 제품을 구입할 수 있어야 한다는 것이다. 저렴한 비용은 현지인이 적정기술을 이용하게 하는 필수조건이다.

가능하면 현지에서 나는 재료를 사용한다

적정기술 제품을 제작하기 위해서 대부분의 재료를 수입해야 한다면 가격적인 측면과 지속가능성의 측면에서 바람직하지 않다. 일부 현지에서 구할 수 없는 재료들을 수입하는 경우가 발생할 수도 있지만 가급적이면 현지에서 구입 가능한 재료를 사용하는 것이 바람직하다.

현지의 기술과 노동력을 활용하여 일자리를 창출한다

적정기술이 추구하는 궁극적인 목표는 적정기술을 통해서 지역 주민의 역량을 강화하고 이를 통해서 소득 창출과 삶의 질 개선을 꾀하는 것이다. 따라서 적정기술 제품을 제작하는 데 있어서 가급적이면 현지의 기술과 노동력을 활용하고 이를 통해서 일자리를 창출하는 것은 매우 중요하다.

제품의 크기는 적당해야 하고 사용방법은 간단해야 한다

크기가 너무 크거나 구조가 복잡해서 사용하는 데 어려움이 있다면 제품을 널리 사용하기 어려울 수 있다. 따라서 제품의 크기가 너무 큰 것은 바람직하지 않다. 사용방법이 어렵다면 이용하는 데 불편이 따르고 이용 횟수도 줄어들기 때문에 가능하면 사용방법은 간단한 것이 좋다.

특정 분야의 지식이 없어도 이용할 수 있어야 한다

적정기술은 농업기술을 지녔지만 과학기술 교육은 받지 못했던 농촌 거주자가 이해할 수 있고, 통제할 수 있으며, 관리할 수 있어야 한다.

지역주민 스스로 만들 수 있어야 한다

적정기술은 원칙적으로 대량생산이 아니고 '대중에 의한 생산'을 지향한다. 만약 적정기술 제품을 생산하는 데 대규모설비가 필요하면 소수의 사람들이 모여서 생산하는 것이 불가능할 것이다. 따라서 가급적이면 지역에 있는 생산시설을 활용해서 제품을 생산하는 것이 좋다.

사람들의 협동 작업을 이끌어 내며 지역사회 발전에 공헌해야 한다

적정기술의 사용은 개인과 지역 공동체의 역량을 증대하여 개인의 삶을 향상시키고 지역사회의 발전을 가져오는 방향으로 추진되는 것이 바람직하다.

분산된 재생가능한 에너지 자원을 활용한다

적정기술은 원칙적으로 중앙집중형 에너지원이 아닌, 분산형이면서 재생가능한 에너지원을 활용하는 것을 목표로 한다.

이런 관점에서 적정기술은 최근 각광받고 있는 신재생에너지와 밀접한 관계가 있다.

기술을 사용하는 사람들이 해당 기술을 이해할 수 있어야 한다

적정기술은 기술을 사용하는 사람들에 의해서 이해되고 운영될 수 있어야 한다. 그래야만 사용자에 의해서 기술이 보완되고 수정될 수 있다.

상황에 맞게 변화할 수 있어야 한다

어떤 지역과 시대에서 적정한 기술이 다른 지역과 시대에서는 적정하지 않을 수 있다. 따라서 비록 이미 개발이 완성된 기술이라도 지리적, 문화적, 사회적 환경의 변화에 맞춰서 적응하는 유연성이 필수적이다.

지적재산권, 컨설팅 비용, 수입관세 등이 포함되지 않는다

적정기술은 원칙적으로 지식재산권, 컨설팅 비용, 수입관세 등을 배제한다. 하지만 이 원칙이 항상 적용되는 것은 아니며 저작권은 보유하나 사용권은 공개한다든지 하는 형태로 다양한 방안이 가능하다.

지금까지 적정기술이 지니는 일반적인 특성에 대해서 살펴보았다. 하지만 모든 적정기술이 위에 열거한 11가지 기준을 만족시킬 수 있는 것은 아니다. 비록 위에 열거한 기준 중에서 몇 가지를 만족시키지 못한다고 해도 해당 적정기술을 통해서 지역 주민의 역량이 강화되거나, 삶의 질이 향상되며, 고용 창출이 발생한다면 이를 적정기술의 범주에 포함시킬 수 있다.

적정기술의 재발견

적정기술은 흥미롭게도 석유 파동 이후 또 다른 종류의 위기를 통해 정책 입안자, 공무원, 기업인, 언론인 등의 관심사가 되었다. 현대 사회에는 석유 파동 때보다 강력한 위기가 동시다발적으로 발생하고 있다. 기후변화, 자연재해, 주기가 단축되는 경제위기, 석유를 비롯한 원자재의 가격변동 위기 등은 이제 단기적인 위기가 아니라 항시적인 위기가 되었다. 선진국조차 예측할 수 없는 다양한 자연재해와 거듭되는 위기는 기존의 고비용 중앙집중식 에너지 공급의 한계, 원자력발전의 재난위기 취약성, 성장위주 경제발전의 부작용 등 새로운 문제들을 부각시켰다. 이러한 문제점과 적정기술은 어떠한 관계가 있을까?

국내 최대 규모의 국제회의라고 할 수 있는 제주포럼의 디자인 경영워크숍에 참여한 적이 있다. 디자이너와 경영자들이 사회혁신에 관한 다양한 접근과 사례를 소개하는 자리였다. 발표자였던 일본의 적정기술의 권위자이며 히토쓰바시 대학교 혁신연구소 소장 세이치로 요네쿠라 교수는 지난 2011년 3월 11일에 발생한 동일본 대지진 이후로 전개되는 일본사회의 변화를 소개했다. 그중 하나는 바로 '적정기술의 재발견'이었다. 과거에 개발도상국 등에서 원조 성격으로 제공되는 기술 또는 제품으로 여겨졌던 적정기술이 이제는 일본에서도 필요한 기술이 되어 수입을 하기 시작했다는 것이다. 재건되는 학교나 건물에 태양광 발전 시스템을 기본적으로 갖춰서 에너지 의존도를 줄이는 일련의 조치들이 강력한 지지를 받으며 시행되고 있다고 했다. 중앙집중식 의존을 줄이고 소규모 단위의 자립과 생존성을 보장해 나가는 추세다.

일본은 후쿠시마 원전 사고로 인해 37년 만에 전력제한령을 시행했다. 71일 동안 지속된 전력제한은 일본 사회 내에 다양한 반응과 유행을 만들어 냈는데, 그중 흥미로운 것은 바로 '페달로 축전되는 전력공급기'였다. 도쿄 시내의 한 소프트웨어 개발업체는 직원들이 사무실 전력의 일부라도 생산해 내기 위해 직원의 책상 밑에 페달을 설치했다고 한다. 직원들은 업무를 하면서 페달을 밟아가며 전력을 자체 생산해냈고 이 소식이 방송을 타고 소개되면서 히트상품이 되었다.

미국에서도 비슷한 변화가 있었다. 최근 한 일간지에는 '집 때문에 저당 잡힌 내 인생, 더 이상은 싫다!'라는 흥미로운 기사가 실렸다. '타이니(tiny) 하우스'라는 3평짜리 집이 인기를 끌고 있다는 내용이었다. 집을 장만하기 위해 대출을 하고, 이를 갚기 위해 정규직 일자리가 보장되지 않는 직장생활을 하며 불안하게 살고 싶지 않다는 것이었다. 타이니 하우스에 사는 주민들은 전기는 태양광 발전을 이용하고, 물은 빗물과 샘물을 활용한다. 경제가 지속적으로 호황이라고 여겨졌던 시기에는 찾아보기 힘든 변화가 실제로 지속가능성의 위기를 통해 만들어지고 있다.

역사를 돌이켜보면 위기는 기존의 시스템이 수용하지 못하는 새로운 사고방식과 생활방식을 받아들이는 기회로 작용했다. 위기시대가 적정기술과 같은 혁신을 유도하고 있다.

적정기술은 지속가능성이 있을까

최첨단 기술이 위기상황에 취약한 것은 다름이 아니라 '지속가능성'에 취약하게 설계되었기 때문이다. 최첨단 기술은 거대한 시스템의 구축과 지원이 필요하다. 이런 시스템을 지속하기 위해서는 인위적인 에너지 소비와 관리가 필요하다. 전기가 하루 동안 끊길 때 평범했던 우리의 하루가 어떻게 되리라 생각하는가? 콸콸 쏟아지는 상수도가 중단되었을 때 식수를 어떻게 확보할 것인가? 이러한 중앙집중적이며, 기술집약적인 기술의 특징은 그것을 사용하는 사람들의 의존도를 높인다. 그리고 그 의존성은 결국 기술의존이자 인간소외 현상으로 연결되곤 한다.

반면 적정기술은 기본적으로 지속가능한 시스템을 배경으로 작동한다. 노동력이 풍부한 곳에서는 노동력을 활용하는 방법을 모색하고, 재생에너지가 풍부한 곳에서는 재생에너지를 활용하는 방법을 찾는다. 얼마 전 소말리아 다음으로 최빈국인 부룬디를 방문했다. 수도 주변에는 민둥산이 많았다. 주민들이 땔감용으로 주변의 수목들을 마구 베었던 것이다. 그리고 인근의 르완다, 콩고 등지에서 연료를 수입해 오는 악순환이 지속되고 있었다. 이때 한 중국인 기업가는 그냥 버려지는 쌀겨를 압축해 제작한 '쌀겨 조개탄'을 만들어 공급하고 있었다.

지속가능성이란 미래의 자원을 현재에 끌어다 쓰지 않으면서 현재의 필요를 채우는 발전을 의미한다. 그런 의미에서 적정기술은 지속가능성으로 나아가는 최첨단 기술이 될 수 있다. 반기문 유엔사무총장은 2012년부터 시작되는 두 번째 임기의 화두를 '지속가능한 발전(sustainable development)'이라고 밝힌 바 있다. 최근 언론이나 경영계에서 지속가능이란 말이 일종의 유행이 되었고, 비즈니스계의 최대 화두 또한 지속가능한 수익창출(sustainable profit)로 자리 잡고 있다. 지속가능성 또는 지속가능한 발전이 시대적 화두가 된 지금, 적정기술의 의의와 활용가능성이 더욱 주목받고 있다.

혁신적인 적정기술

적정기술은 어떤 면에서 최신기술보다도 더욱 혁신적인 특징을 보이기도 한다. 최첨단 기술들이 해결하려 하지 않았던, 또는 해결하지 못했던 문제를 해결하려고 도전하기 때문이다. 유엔이 정한 빈곤선인 하루 1달러 25센트 이하로 살아가는 전 세계 10억 명 이상의 사람들을 대상으로 에너지가 공급되지 못한 곳에 에너지를 공급하고, 고가이기에 누구나 누릴 수 없었던 제품이나 서비스를 혁신적인 접근으로 저렴하게 제공하는 것도 적정기술의 예가 될 수 있다.

한국의 젊은 대학생들이 주축이 되어 만든 '딜라이트 보청기'는 기술이 아닌 사람에게 초점을 맞춰 개발된 보청기다. 기존 보청기는 수백만 원에 달해 일반인이 쉽게 구매하기 어려웠다. 보청기 가격이 비싼 이유는 개별 사용자의 귀모습에 맞추어 보청기를 제작했기 때문이다. 이러한 문제 때문에 보청기가 필요한 사람들이 보청기를 사는 데 어려움을 겪었다.

딜라이트 보청기 개발자들은 그들의 핵심고객을 고령층 기초생활수급자들로 정했다. 그리고 정부에서 보청기 구매 지원금으로 나오는 36만 원만으로도 구매할 수 있도록 제작단가는 낮추면서도 보청기의 핵심기능은 유지할 수 있는 방법을 고민하기 시작했다. 단서는 어느 순간 다가왔다. '이어폰은 누구나 표준형 이어폰을 쓰는데, 왜 보청기는 표준형 보청기로 보급할 수 없을까?' 수많은 사람들의 귀 모형을 석고로 뜨고 한국인의 표준형 보청기를 개발하면서 드디어 세계 최초의 36만 원 표준 보청기가 탄생했다. 기술을 중심으로 고민했다면 나오지 못할 혁신적인 제품이었다. 사람을 중심으로 가격과 기술을 적정하게 했기에 탄생할 수 있었다.

적정기술의 놀라운 예는 또 있다. 전 세계 어느 곳이나 쉽게 발견할 수 있는 제품이 무엇일까? 가장 흔한 제품은 자전거이며 그다음은 휴대전화이다. 앞서 말한 부룬디를 방문했을 때, 국경 근처의 외떨어진 마을에서도 휴대전화 사용자를 만날 수 있었다. 사람들은 집이 없어도 웬만하면 휴대전화를 소지하고 있다. 휴대전화는 일자리 정보를 확인할 수 있고 시장가격을 확인하며 보다 저렴한 생필품을 찾게 도와주는 사회적 자본 역할을 한다. 이렇게 휴대전화를 통해 개발도상국 또는 취약계층의 필요를 해소하고자 하는 프로젝트에는 MIT가 개발 중인 '스마트폰 기반 검안기'와 캘리포니아 대학교 연구진들이 진행 중인 '휴대전화 기반 현미경'이 있다.

스마트폰 기반 검안기는 스마트폰을 활용해 시력을 검사하고 검안 결과를 안과 등 검진센터에 손쉽게 보낼 수 있는 장치이다. 검안기와 눈의 적절한 거리 유지를 위해 애플리케이션은 일정한 길이로 제작되었다. 스마트폰을 검안 대상자의 눈에 댄 상태에서 검안용 애플리케이션을 작동시키면 시력 상태에 대한 검진이 완료된다. 비싼 검안기와 검안 인력이 이동하기 어려운 곳에 스마트폰과 애플리케이션을 활용해 검안이라는 필요를 창의적으로 해소해 나가는 사례라고 할 수 있다.

휴대전화 기반 현미경은 일반 휴대전화에 내재된 디지털 카메라를 실험실 수준의 광학용 현미경으로 활용하게 만드는 보조 장치다. 디지털 카메라에 렌즈의 성능을 높이는 확대경을 붙이고 저장된 이미지를 메시지로 해독이 가능하게 하여 검진센터로 전송한다. 의료진이 없는 현장에서 진행하지 못하는 피검사, 피부상태 등 기본적인 의학적 검진을 돕는 기술인 셈이다.

이렇듯 적정기술은 낮은 수준의 기술만을 의미하는 것이 아니다. 현존하는 최첨단 기술이 가진 기능을 원래 목적이 아닌 다른 용도로 창의적으로 전환하는 제품이나 접근도 적정기술에 포함할 수 있다.

당신도 만들 수 있다

적정기술은 그 원리와 특징상 반드시 특정한 교육과정을 이수하거나 훈련을 받은 사람만이 기획하고 설치할 수 있는 것은 아니다. 누구나 자신이 겪는 현실의 문제 앞에서 창의적인 해결책을 내놓곤 하는데 그런 해결책은 적정기술의 특징과 일치하곤 한다. 그 사람은 기술자, 디자이너, 사업가뿐만 아니라 당신도 될 수 있다.

2011년 광주디자인비엔날레에서 유독 관람객들이 사진을 많이 찍은 작품은 '농구공 양동이'였다. 중국의 한 잡지매체가 농촌지역을 순회하면서 다양한 생활의 지혜 사례를 취재하던 중 발견했다고 한다. 이 제품은 바람이 빠져 쓸모가 없어진 농구공의 일부를 잘라 내고 개방 부위를 철끈으로 묶어 들어 올릴 수 있도록 디자인한 근사한 대안 양동이이다. 재활용을 넘어서 새로운 용도로의 전환을 시도한 멋진 적정기술의 활용 사례라고 할 수 있다.

'페트병 태양전등(solar bottle bulb)'이라 불리는 제품도 이와 비슷하다. MIT에서 기본 개념이 개발되어, 이후 필리핀 등지에서 활발하게 활용되고 있는 이 태양전등은 소요되는 비용이 거의 없고 누구나 활용할 수 있는 획기적인 적정기술이라 할 수 있다. 집에 전기를 들여놓을 수 없는 많은 저소득층 사람들은 많은 시간을 어두운 실내에서 지내야 한다. 태양전등은 버려진 1.5리터 페트병을 함석 사이에 끼우고 물과 미량의 표백제를 넣어 밀봉한 뒤, 지붕에 뚫린 구멍 사이에 페트병을 부착함으로 완성이 된다. 태양빛이 페트병에 담긴 물에 굴절되어 어두운 실내에 들어올 때 그 밝기는 55와트짜리 전구를 켜놓은 것과 동일하다고 한다. 현재 필리핀에서는 시정부의 후원을 받아 페트병 태양전등 구축사업이 활발하게 진행되고 있다.

초등학생이 적정기술을 멋지게 구현해낸 사례도 눈에 띈다. 지난 제33회 전국학생과학발명품 경진대회에 참가한 충청남도 금암초등학교 하지민 학생이 바로 그 주인공이다. 당시 6학년이었던 이 학생은 폐통돌이를 활용한 '수동 손 건조기'를 고안해서 최고의 영예인 대통령상을 수상했다. 화장실에 설치된 손 건조기가 오히려 필터 오염으로 비위생적일 수 있고 전기소모도 많다는 것을 알게 된 하지민 학생은 학교 교실에 설치된 수동 걸레 탈수기를 보면서 아이디어를 떠올렸다. 발로 밟으면 회전하는 탈수기에 통 대신 선풍기를 달면 손을 말릴 수 있는 바람을 얻을 수 있겠다는 계산이었다. 하지민 학생은 인터뷰에서 "실생활에서 불편을 느끼면 어렵게 고민하지 않고 바로 개선책을 떠올려본다"라고 하여 자신이 발명을 하게 된 배경을 밝혔다.

이런 사례들에서 볼 수 있듯이 적정기술은 사는 지역, 학력,

지식의 여부와 상관없이 문제나 불편함을 개선해보고자 하는 창의적 접근과 혁신을 시도하는 모든 사람에게서 탄생할 수 있다.

소외된 90퍼센트를 위한 디자인

엔지니어, NGO 종사자 등 일부 계층에서 활발하게 논의되던 적정기술이 보다 대중적인 관심을 받은 계기는 세계 최대의 박물관 및 연구기관인 스미소니언 연구소 산하의 쿠퍼-휴잇 내셔널 디자인 뮤지엄이 2007년에 개최한 〈소외된 90퍼센트를 위한 디자인(Design for the Other 90%)〉이라는 전시회이다. 이 전시회는 적정기술이라는 기술 관점의 용어를 시장 친화적이며 대중적인 디자인의 관점에서 재해석함으로써, 창의적이면서 사회적인 이슈에 관심을 갖고 있는 수많은 디자이너와 일반 대중의 호평을 받았다. 적정기술이라는 단어가 가진 제한적인 의미를 소외된 90퍼센트를 위한 디자인이란 용어가 개념적, 참여적으로 더 크게 확대시켰다.

한국에서도 2010년 말 동명의 전시회에 소개된 내용과 적정기술 종사자들의 이야기를 담은 『소외된 90%를 위한 디자인』이란 책이 번역 출간되면서 보다 대중적인 관심을 불러일으킨 바 있다. 원제의 'Design'이란 단어는 공학에서 흔히 설계라는 뜻으로 번역된다. 출판사에서도 이 단어를 어떻게 번역해야 할지 고민한 가운데 결국 보다 대중적인 디자인이라는 용어를 선택했다고 한다.

『소외된 90%를 위한 디자인』 발간 기념 강연회 때의 일이다. 행사 2주 전에 블로그, 트위터 등 소셜 네트워크 서비스(social networks services, SNS)를 중심으로 광고를 했는데 연말임에도 불구하고, 행사에는 100여 명이 넘는 사람들이 참석했다. 가득 찬 행사장보다 더욱 놀라웠던 것은 다양한 배경의 참석자들이었다. 고등학생부터 교수, 디자이너, 엔지니어, 사업가, NGO 직원, 공공기관 및 대기업 근무자 등 다양한 분야의 사람들이 강연회에 참여했다. 이는 적정기술이 가지는 다학제적이며 융합적인 특징과 함께 적정기술이 가져야 할 팀워크의 필요성을 압축적으로 보여주었다.

인터넷 포털사이트에서 적정기술이란 키워드로 검색을 해보면 과거에는 학계, NGO 등에서 나오는 이야기가 많았다. 하지만 이제는 기업과 정부에서 적정기술을 언급하는 횟수도 급격히 증가하고 있다. 예를 들어 효성그룹은 '대학생 적정기술 해외봉사단(블루챌린저)'을 모집하여 베트남과 캄보디아에서 적정기술 관련 봉사활동을 진행하고 있다. 교육과학기술부는 적정기술 등을 통한 해외과학기술 지원정책을 발표한 바 있고, 중소기업진흥공단은 적정기술재단과 공동으로 적정기술 관련 포럼을 진행한 바 있다.

'자본주의 4.0'이라는 키워드가 심심치 않게 들리는 요즘, 기술, 디자인, 비즈니스 영역에서 적정기술이 활용될 여지는 무궁무진하다고 하겠다.

적정기술의 개척자들

  적정기술의 다양한 특징과 적용 사례는 관심사와 직업적 배경이 다채로운 적정기술의 개척자들이 있었기에 가능했다. 지금부터는 적정기술의 현지화, 사상적 확장, 적정기술과 디자인의 만남, 적정기술과 비즈니스의 접목 등 각 분야에서 선구적인 인물들을 살펴보고, 국내 최초의 적정기술 제품을 기획·제작한 바 있는 국내 전문가도 함께 소개하고자 한다. 적정기술을 만들어 온 이들을 만나 보자.

적정기술의 원조: 간디

  적정기술의 역사적 시원을 거슬러 올라가면 인도의 유명한

독립운동가 간디를 만나게 된다. 간디가 적정기술과 어떤 관련이 있는지 의아할 수도 있다. 하지만 많은 이들이 알고 있는 간디의 물레 돌리는 사진을 떠올려보면 간디가 주창한 현지 재료 활용 및 자급자족이 적정기술과 연계됨을 알 수 있다.

간디는 기본적인 삶을 영위할 수 있는 적절한 기술의 촉진을 주창했다. 이러한 접근은 '스와데시(Swadesh)'라고 불리는 인도의 지역 자립적 전통으로부터 비롯되었다. 스와데시는 아무리 값싸고 품질이 우수하더라도 지역의 경제와 자립을 훼손하여 개개인의 외부 의존도를 높이는 제품이나 기술 대신 현지인이 스스로 자립할 수 있게 돕는 기술이야말로 진정한 지역발전에 도움이 된다는 개념이다. 간디를 '적정기술의 원조'라고 부르는 한동대학교 손화철 교수는 "더 나은 품질의 영국 직물이 값싸게 공급되는 것이 단기적으로는 좋아 보이지만 결과적으로는 손해가 된다는 것을 간디는 간파했다"고 말한다. 물레를 돌려 직물을 제조하는 방식은 비록 시간이 걸릴지라도 누구든지 필요한 만큼의 옷을 만들 수 있고 다른 사람에게 의존할 필요성을 없애기 때문이다.

간디가 최신기술의 도입을 반대한 것은 아니다. 그러나 간디는 사람들이 기술혁신을 아직 받아들일 준비가 되지 않은 상태이거나 자발적인 필요에 의한 기술도입이 아닌 외부로부터의 강제적인 기술이전은 특히 농촌 마을의 삶을 향상시키기보다는 오히려 방해한다고 생각했다. 따라서 그는 현장에 이미 존재하는 사회, 경제, 문화적 관습과 전통을 존중하면서 점진적으

로 진행되는 발전을 옹호했다. 그렇지 않은 급격한 발전은 실업
문제와 빈곤을 야기할 것이라고 보았던 것이다.

그에게 있어 발전이란 '가난한 사람에게 기본적으로 필요한
것을 제공해 줄 수 있는 역량의 확대'를 뜻했다. 그리고 그 발전
의 핵심은 빈곤층에게 스스로 빈곤에서 벗어날 수 있도록 생
산적 일을 할 수 있는 기회를 부여하는 것이라고 믿었다. 이를
위해 지역적 자급과 토착기술의 활용은 첨단으로의 발전에 앞
서 추구되어야 할 목표였다.

적정기술이 하나의 기술방법론으로 머물지 않고 기술과 그
기술이 사회에 가진 함의에 대한 하나의 철학이자 세계관으로
발전하게 된 배경에는 간디의 굳건한 사상적 토대가 있었다. 무
분별한 기술 도입이 가져오는 지역경제와 문화의 몰락, 그리고
급속한 변화에 따라 실업과 소외 등 개개인과 가정이 짊어져야
할 사회적 비용의 증가는 비단 간디가 활동했던 시대만의 특징
이 아니라 바로 오늘날의 문제이기도 하다. 이런 이유로 간디가
사상적 기초를 제공한 적정기술은 현대에도 적실한 유효성을
가진다.

적정기술의 아버지: 슈마허

앞서 소개했듯이 적정기술이 전 세계적인 관심을 갖게 된
것은 영국의 경제학자 슈마허의 공헌이 컸다. 슈마허는 적정기
술에 대한 관심을 갖기 전 영국의 영향력 있는 경제학자 겸 정

부 관료로 활약했다. 당시 산업화와 가정연료의 근간인 석탄산업의 사령탑이라 할 수 있는 영국국립석탄위원회에서 20여 년간 수석경제자문관으로 재직했으며 제2차 세계대전 직후에는 독일경제의 재건을 돕는 영국기획위원회의 수석통계학자로 근무하기도 했다. 석탄과 경제재건에 대한 다양한 정책을 개발하고 적용하면서 "한정된 자원인 석유는 세계의 에너지 필요를 충족하는 지속가능한 연료가 아니다"라는 견해를 주장했다.

그런 그가 인생의 전환점을 맞이한 것은 경제자문관으로 1955년 방문한 미얀마에서의 경험에서 비롯되었다. 현지에서 나오는 자원을 바탕으로 자급자족되는 생산과 소비문화에 깊은 인상을 받은 그는 훗날 『작은 것이 아름답다』라는 책의 바탕이 되는 인간 중심의 경제발전을 구상하게 된다. 미얀마 불교문화의 영향과 더불어 슈마허는 앞서 언급된 간디의 사상을 접했다. 훗날 슈마허는 간디를 "인류역사상 가장 훌륭한 인간적인 경제학자"라고 말하기도 했다.

이러한 배경 아래 슈마허는 1966년 영국에서 자신의 개념을 실제로 실현해보기 위한 '중간기술개발집단(Intermediate Technology Development Group)'을 설립한다. 그리고 계속된 개발도상국 방문을 통해 깊어진 그의 인간 중심의 경제발전 철학은 결국 1973년 인간 중심의 경제학이란 부제를 단 『작은 것이 아름답다』란 책으로 집대성된다. 『타임(Time)』지에 의해 제2차 세계대전 이후 출간된 가장 영향력 있는 100권의 책으로도 선정된 바 있는 이 책은 "인간은 작다. 그러므로 작은 것이 아름답다"라고 주장하며 규모의 경제발전을 추구하던 당시 주류 경제학을 정면으로 비판했다. 이 책에서 그는 그가 중간기술이라고 부르는 개념을 발전시킨다. 중간기술은 남반구의 빈곤문제를 악화시키는 원시적 도구들과 북반구의 강력한 기술 시스템 사이에 있는 기술을 말한다. 그는 대량생산기술이 생태계를 파괴하고 희소한 자원을 낭비한다고 지적하면서 근대의 지식과 경험을 잘 활용하고 분산화를 유도하며 재생할 수 없는 자원을 낭비하지 않는 '대중에 의한 생산 기술'을 제안했다.

슈마허는 '라틴아메리카의 발전을 위한 과학과 기술의 응용'이란 주제의 유네스코 컨퍼런스에서 중간기술의 목표를 다음과 같이 정의했다. ① 사람들이 살고 있는 그 지역에 위치한다. ② 일반적인 사용이 가능할 만큼 충분히 싸다. ③ 상대적으로 간단한 기술과 현지 재료를 사용하여 만든다. ④ 직장을 창출하여 자립할 수 있게 한다.

전 세계 수많은 세미나를 통해 자신의 굳은 신념을 전파했던 슈마허의 유산은 이제 앞서 설립한 중간기술개발집단이 이름을 바꾼, 'Practical Action'이라는 사회적 기업으로 지금까지 이어지고 있다.

간디가 적정기술의 사상적 기초를 마련했다면, 슈마허는 당시 영향력 있었던 경제학자의 시각으로 적정기술과 경제발전 간의 상관관계를 이론적으로 구축했다고 볼 수 있다. 또한 당시 세계의 중심지 중 하나였던 영국에서 그가 촉발시킨 적정기술 담론은 그의 신분과 배경으로 인해 숱한 언론과 기관, 유명

인사들의 관심을 이끌어 내는 데 일조하게 된다. 그가 현대 적정기술의 아버지라 불리는 이유다.

적정기술과 디자인 개척자: 빅터 파파넥

적정기술은 앞서 살펴본 바와 같이 보다 대중적인 용어로 '소외된 90퍼센트를 위한 디자인'으로 불린다. 이는 특정 제품이 탄생될 때 반드시 디자인 과정을 거치게 되기 때문이며, 이것이 당면한 문제를 해결하도록 도와주기 때문이다. 적정기술을 디자인적인 측면에서 접근했던 인물 중 눈여겨볼 사람은 바로 빅터 파파넥(Victor Papanek, 1927~1998)이다.

디자인계의 이단아라고 불리기도 하는 그의 사상은 시대가 흐를수록 더욱 많은 지지자와 유사 운동을 탄생시키고 있다. MIT에서 디자인을 공부한 빅터에게 디자인이란 단지 유행을 따라가며 소비자의 기호를 맞추는 산업이 아니었다. 그는 "디자인에서 유일하게 중요한 것은 디자인 자체가 아니라 디자인이 사람과 어떤 관계에 있는지에 대한 것이다"라고 했다. 그는 디자인이 '사람이 겪는 실제적인 해결책'이 되어야 하며 단지 심미안 또는 순간적인 욕망을 채우는 도구로 전락해서는 안 된다고 믿었다.

온타리오 대학교, 로드아일랜드 디자인스쿨 등을 거쳐 캔자스 대학교에서 자신의 신념을 가르쳤던 빅터는 특히 디자인이 제3세계에 기여할 수 있는 부분에 관심을 가졌다. 제3세계야

말로 실제적인 필요를 쉽게 관찰할 수 있고, 대부분의 디자이너에게 무시되는 영역이었기 때문이다. 유네스코, 세계보건기구 등 유엔과 다양한 디자인 프로젝트를 진행한 그의 대표작은 '9센트 깡통 라디오'로 알려진 작품이다. 지금도 그렇지만 빅터가 활발하게 활동했던 1960년대의 인도네시아는 빈번한 화산활동과 지진으로 원주민들의 피해가 막심했다. 원주민들이 재난경보나 소식을 미리 듣게 된다면 피해를 최소화할 수 있다고 생각한 빅터는 훗날 그의 저서 제목이기도 한 '인간을 위한 디자인'을 실행했다. 발리 섬에 관광객들이 버리고 간 깡통에 라디오 장치를 넣고 주변에서 흔히 볼 수 있는 동물의 배설물을 연소시켜 작동하는 라디오를 제작한 것이다. 적정기술의 지속가능성을 제시한 이 작품으로 빅터는 전 세계의 찬사도 받았지만, 그와 동시에 어처구니없는 디자인이란 비야냥거림도 감수해야만 했다. 하지만 그는 여기서 그치지 않고 아프리카의 교육문제를 돕기 위한 교육용 텔레비전 아이디어를 발전시켜 9달러에 불과한 TV세트를 일본에서 제작하기도 했다.

그는 『인간을 위한 디자인』이라는 문제작을 통해 지속가능성을 위한 디자인, 인간을 섬기는 디자인이라는 개념을 전파했는데, 이 책은 지금도 디자인계에 입문하는 수많은 사람들에게 영감을 주고 있다. 김영세 이노디자인 대표도 한 일간지와의 인터뷰에서 자신이 나눔의 디자인을 추구하게 된 배경으로 이 책과 함께 빅터 파파넥 교수와의 만남을 이야기하기도 했다. 디자이너들이 '인간에게 필요한 것을 만들고 그것을 위해 어떻게 실행에 옮길 수 있는가라는 질문에 빅터는 이렇게 대답했다. "자신의 재능, 시간, 기술의 10퍼센트라도 세계의 필요를 위해 쓰기로 결심한다면 디자이너는 세계에 엄청난 변화를 가져올 수 있다."

특정 문제에 대한 지속가능한 해결책으로서 빅터 파파넥이 주창한 디자인은 결국 적정기술이 추구하는 철학과 목적이 동일했다. 적정기술은 빅터 파파넥이라는 걸출한 세기의 디자이너를 통해 기술뿐 아니라 디자인의 새로운 흐름과도 접목될 수 있었고, 콘셉트 도출과 상품화에 탁월한 디자이너들의 참여를 통해 한층 발전하게 되었다.

적정기술의 비즈니스 개척자: 폴 폴락

빅터 파파넥을 통해 더욱 풍성해진 적정기술의 전통을 비즈니스와 연결시킨 사람은 바로 폴 폴락이다. 캐나다에서 의학박사 학위를 취득하고 20년이 넘게 베테랑 정신과의사로 활동했던 폴은 방글라데시 방문을 통해 자신의 환자가 빈곤에 시달리는 전 세계의 사람들로 확장될 수 있음을 깨닫게 된다. 의사였던 그가 비즈니스로 뛰어들었던 배경에는 그가 어렸을 적부터 아버지로부터 배우고 훈련받았던 기업가정신이 살아 있었기 때문이었다. 그는 딸기농장을 운영하기도 했고, 학위를 마치고서 보건소에서 일할 때에도 부업으로 부실하게 운영되는 아파트를 사들여 다시 되팔기도 했으며, 석유 시추를 하는 작은

회사를 운영하기도 했다. 이러한 경험은 그가 훗날 '소외된 계층을 위한 비즈니스'를 개척하는 데 일조하게 된다.

폴 폴락은 "전 세계 90퍼센트의 디자이너는 단지 10퍼센트의 고객을 위한 제품과 서비스를 구현하기 위해 자신의 모든 재능과 열정을 쏟아붓고 있다. 만약 그들이 소외된 나머지 90퍼센트의 고객을 위해 일하게 된다면 어떻게 될까?"라고 말하며 도전한다. 이러한 말도 안 되는 현상을 타개하기 위해 그는 대담하게도 디자인계에 혁명과 같은 것이 일어나야 한다고 주장한다.

적정기술을 기반으로 비즈니스를 전개하는 '국제개발회사(International Development Enterprise)'를 이끄는 그의 대표작은 인간동력을 활용하는 '족동식 펌프(treadle pump)'이다. 현재까지 200만 개 이상이 25달러에 팔리며 현존하는 적정기술 중 베스트셀러가 된 이 제품은 건기에 지하수를 끌어올려 경작지에 지속적으로 물을 공급하게 함으로써 수많은 소농작인의 수입을 증가시켰다. 그에게 적정기술이 지속가능할 수 있는 유일한 방법은 적정기술이 하나의 당당한 비즈니스가 되어 전 세계의 필요를 효과적으로 채우는 것을 뜻했다.

폴 폴락은 선의를 가진 서투른 사람들이 그동안 적정기술 운동을 이끌어 왔다면 이제는 기업가정신을 가진 사람들이 전면에 나서야 한다고 주장한다. 그는 환성을 자아내는 독특한 아이디어와 현장의 문제를 해결해줄 것만 같았던 수많은 적정기술 제품들이 소리 소문 없이 사라지는 이유를 제품 개발자

가 철저한 기업가정신이 부족하기 때문이라고 분석했다. 그는
적정기술에 기반을 둔 제품은 하루에 4달러 이하로 살아가는
극빈층도 직접구매가 가능하거나 소액금융을 통해 구매할 수
있을 정도로 극단적인 혁신이 필요하며, 그런 가능성을 기업가
정신에서 찾을 수 있다고 말한다. 과연 그의 주장은 실현가능
한 것인가?

그에 대한 대답으로 폴 폴락은 경험과 적정기술 제품을 사
용할 고객과의 직접적인 만남을 강조한다. 폴 폴락은 1981년
부터 매년 하루에 1달러 이하로 생활하는 가정을 100가구 이
상 방문해 심도 깊은 인터뷰를 진행해왔고, 현재까지 3,000가
정 이상을 만났다고 말했다. 폴 폴락은 적정기술의 비즈니스화
는 복잡한 과학이 아니며 그것은 "고객을 관찰하고 그들과의
만남을 통해서 가능하다"라고 설명한다. 사실 족동식 펌프도
폴 폴락의 개인적인 경험과 관찰을 통해 탄생했다. 폴 폴락은
자신이 속한 메노나이트(기독교의 한 종파)의 한 농부가 자체적으
로 만들었던 개량펌프에 깊은 인상을 받은 적이 있다. 그 후 방
글라데시를 방문해서 손으로 이용하는 비효율적인 펌프를 목
격한 후, 인체공학적으로 보다 효율적인 발을 이용한 펌프를 생
각해낸 것이다.

폴 폴락의 선구적인 적정기술 비즈니스 개척은 지금 전 세계
적으로 각광을 받고 있는 '사회적 기업가정신' 흐름과 결부된
다. 적정기술이 과거와 같이 반짝하는 운동으로 그치지 않고
지속가능성을 갖추는 데 필요한 담대한 비전과 도전을 폴 폴락

은 지금도 이끌어가고 있다.

한국 적정기술의 개척자: 김만갑

한국은 적정기술의 역사가 길지 않지만 한국에도 적정기술에 대한 선구적인 개척자들이 존재한다. 그중에서 대한민국 적정기술 제1호 제품이라 할 수 있는 'G-saver(지 세이버)'를 개발한 국립캄보디아 기술대학교(NPIC) 김만갑 교수는 매우 독특한 이력을 지니고 있다.

김만갑 교수는 원래 공무원으로서 건축 관련 업무를 담당했다. 안정적인 직장에 다니던 그는 2008년 한국국제협력단의 전문봉사요원으로 몽골에 가게 되었다. 국립몽골 과학기술대학교에서 건축학 강의를 맡은 그는 한겨울 몽골의 서민들이 겪어야 하는 한파를 겪으면서 자신의 지식과 경험이 어떻게 활용될 수 있는지를 발견하게 된다.

몽골의 겨울은 영하 30도까지 내려갈 정도로 무척 매섭다. 일반 서민들이 거주하는 천막 형태의 게르는 외부의 한기를 막거나 내부의 온기를 유지하는 데 적합한 재질이 아니다. 그나마 게르 내부에서 난로로 피우는 열은 머무르는 시간이 짧고, 이를 위한 연료비 지출만 한 달 생활비의 절반에 육박한다.

이런 상황에서 김만갑 교수는 누구의 조언이나 도움 없이 무작정 연료를 절감하고 온기가 오랫동안 머무를 방법을 실험하기 시작했다. 몽골 현지에서 시제품을 만들기 어려워 매번

한국의 업체에 부탁을 해야 했고 시제품에서 발견되는 개선점을 반영하여 다시 제작을 했다. 이러다 보니 항공료와 제작비로 수천만 원을 지출하기도 했다. 그런 지난한 과정을 거친 김만갑 교수는 열전도율이 뛰어난 알루미늄과 아연 합금 재질로 만든 난로 용기와 내부에 열을 오랫동안 간직할 수 있는 맥반석, 진흙, 산화철 등 혼합물질을 넣은 축열기 G-saver를 개발할 수 있었다. 실제 G-saver 운용 결과 난방비는 절반 이하로, 열이 머무르는 시간은 기존의 3시간에서 6시간으로 2배 이상 개선되었다. G-saver는 굿네이버스와의 협력을 통해 설립된 사회적기업을 통해 보다 많은 가정에 판매될 준비를 하고 있다.

대한민국 적정기술 제1호 제품을 개발한 김만갑 교수는 이제 캄보디아에서 제2호로 명명될 제품을 마무리하느라 한창 바쁘게 지내고 있다. 이름 하여 'W-saver(더블유 세이버)'라 불리는 이 제품은 개발도상국의 식수문제를 해결하기 위해 고안된 제품이다. 캄보디아만 하더라도 빗물을 받아놓은 물을 식수로 활용하는데, 실제 확인해 본 결과 빗물저장고 물은 대부분 탁하고 흐린 상태가 육안으로도 보일 정도였다. 캄보디아 전역의 지하수에는 미량의 비소가 검출돼 장기복용이 어렵다. 이런 상황에서 김만갑 교수는 이물질제거필터, 활성탄필터, 한외여과 필터(ultra filtration) 등 3중 필터를 통해 물에 함유된 바이러스, 미립자와 같은 유해세균을 완벽히 제거하는 정수장치와 물을 담는 비닐 백을 고안했다.

김만갑 교수는 앞으로도 계속 saver 시리즈를 개발해갈 계획이라고 했다. 캄보디아 현지에 적정기술 베이스캠프를 차리고 적정기술을 연구하고 개발하고자 하는 사람은 누구나 함께할 수 있는 프로그램도 도입하고 싶다고 했다. 세계에 공유할 수 있는 한국인 적정기술 개발 사례로도 김만갑 교수는 충분히 의미를 지니지만, 자신의 전문경험을 바탕으로 현지에 체류하면서 적정기술을 개발해나가는 시니어 적정기술 봉사모델을 구축했다는 점에서 더욱 기대가 크다. 그를 시작으로 자신의 노련한 경험과 기술을 현지에 적용하는 많은 분들의 참여가 한국형 적정기술의 미래를 밝게 해줄 것이다.

어떤 적정기술들이 있을까

깨끗한 식수를 제공하는 적정기술

전 세계 어린이 다섯 명 중 한 명은 안전한 식수에 접근하지 못한다. 매일 약 4,000명의 어린이는 비위생적인 환경과 식수로 인해 사망하며, 수인성 질병으로 인해 매년 200만 명의 사람들이 목숨을 잃는 것으로 추정된다. 이러한 식수문제를 해결하기 위해 개발된 적정기술 사례는 다음과 같다.

큐 드럼

전 세계적으로 수백만 명의 사람들이 안심하고 먹을 수 있는 상수원을 찾아서 수 킬로미터를 이동해서 물을 구하고 있다. 개발도상국에서 이런 일은 주로 여성이나 어린 아이(주로 여자 아이)들이 담당하고 있다. 따라서 이들이 한 번에 가져올 수 있는 물의 양은 매우 제한적이다. 또한 이들은 주로 물

큐 드럼.

동이를 머리에 이거나 등에 지는 방식으로 물을 길어 오는데 이러한 방식은 목과 등에 큰 무리를 준다. 이러한 문제점을 해결하기 위해서 개발된 것이 큐 드럼(Q Drum)이다. 큐 드럼은 도넛 모양의 플라스틱 용기에 끈을 달아서 어린이도 쉽게 50리터의 물을 길어 올 수 있도록 고안되었다. 큐 드럼으로 운반하면 사람이 도구 없이 한 번에 옮길 수 있는 양의 약 5배가량을 옮길 수 있다. 용기의 재질은 저밀도폴리에틸렌(LDPE)으로 만들어져서 15년 이상 쓸 수 있을 정도로 견고하다. 남아프리카 공화국의 헨드릭스 형제가 1993년에 고안했으며 앙골라, 코트디부아르, 에티오피아, 가나, 케냐, 탄자니아, 나이지리아 등지에서 폭넓게 사용되고 있다. 유사한 제품으로 히포 워터 롤러(Hippo Water Roller)가 있다.

워터 콘

워터 콘(Water Cone)은 태양열을 이용해서 물을 증발시키고 증발된 물을 모아서 마시는 원리로 만든 정수 장치이다. 고

워터 콘.

깔 모양의 용기와 원형의 받침판으로 되어 있으며 원형의 받침판에 물을 붓고 햇볕에 놓아두면 증발한 수증기가 고깔의 벽면에 응축되어서 한곳에 모인다. 마시기에 적당한 양의 물이 모이면 따라서 마시면 된다. 투명한 고깔의 재질은 폴리카보네이트이다. 독일의 워터 콘 사의 제품으로 가격은 약 50달러 정도이다.

라이프 스트로

길이가 27센티미터인 원통형 빨대 모양의 휴대용 정수기이다. 입으로 흡입하면, 흡입압력에 의해서 물이 라이프 스트로 (Life straw) 입구로 들어온다. 이때 물은 4단계의 필터를 통과하면서 정수된다. 1단계에서 100마이크론 크기의 구멍을 가진 프리필터를 거친 후 15마이크론 크기의 폴리에스터 필터에서 대부분의 박테리아 덩어리들이 제거된다. 다음에는 요오드로

라이프 스트로.

처리된 이온교환성 수지를 통과하면서 다시 한 번 박테리아와 바이러스가 제거되며 마지막 단계인 활성탄에서 악취를 제거함으로써 정수 과정이 완성된다. 2005년

에 토르벤 베스터가드 프란젠(Torben Vestergaard Frandsen)이
고안하였다. 현재 가나, 나이지리아, 파키스탄, 우간다 등에서
판매되고 있다.

세라믹 워터 필터

세라믹 워터 필터(Ceramic Water Filter)는 살균 효과를 지닌
은 콜로이드와 점토를 혼합하여 만든, 물이 통과할 수 있는 적
당한 크기의 기공을 지닌 항아리와 이것을 통과한 물을 모으
는 플라스틱 통으로 구성되어 있다. 정수기 자체는 그리 세련되
지 않지만 설사 등을 방지하여 학교와 직장에서 결석과 의료비
용을 감소시켜준다. 바이러스와 박테리아의 제거 능력은 있지
만 금속 이온들은 제거하지 못한다. 과테말라의 화학자인 페르
난도 마자리에고스(Fernando Mazariegos)가 고안한 것을 포터
스 포 피스(Potters for Peace)의 론 리베라(Ron Rivera)가 대량
생산을 하기 위해서 재설계했다. 2006년부터 캄보디아를 중심
으로 생산을 시작했으며, 현재 14개국에 위치한 16개의 소규
모 공장에서 생산되고 있다. 현재까지 약 50만 명 이상이 세라
믹 정수기를 이용했다.

아쿠아스타 플러스

아쿠아스타 플러스(Aquastar Plus)는 선진국 시장에서의 판
매를 통해 개발도상국에 보다 저렴한 가격에 제품을 공급하기
위한 자본 확보 수단으로 만들어졌다. 건전지를 사용해서 UV

아쿠아스타 플러스.

램프를 작동시키고 이를 통해서 박테리아와 바이러스 등을 살균하는 정수기이다. 정화되지 않은 물을 병 안에 넣고 UV-C광선을 쪼여서 병원균의 DNA와 RNA를 파괴하여 더 이상 전염성을 띠지 않게 정화시킨다. 자외선을 이용해서 살균하는 SODIS(Solar Water Disinfection)의 선진국형 제품이라고 할 수 있다. 그러나 부유성 입자들은 제거하지 못한다. 미국의 메리디안 디자인(Meridiandesign)사에서 2005년에 개발했다. 호주, 보르네오, 과테말라, 인도, 말레이시아, 멕시코, 뉴질랜드, 니카과라, 페루 등에서 판매됐다.

아쿠아스타 플로우스루

아쿠아스타 플로우스루(Aquastar Flow Through)는 한 번에 많은 양의 물을 정화시킬 수 있도록 설계되었다. 미국의 메리디안 디자인사에서 2005년에 개발했으며 호주, 보르네오, 과테말라, 인도, 말레이시아, 멕시코, 뉴질랜드, 니카과라, 페루 등에서 판매되고 있다.

에너지를 공급하는 적정기술

전 세계적으로 20억 명이 넘는 사람들이 전기를 공급받지 못하고 있으며, 아프리카 사람 10명 중 9명이 전기가 없는 불편한 생활을 하고 있다. 30억 명의 사람들이 가정 내에서 주로 소비하는 에너지는 나무, 동물 배설물, 석탄과 같은 바이오매스 연료인데, 매년 250만 명의 사람들이 실내에서 바이오매스 연료를 태워 나오는 분진 때문에 사망한다. 이러한 에너지 문제를 해결하기 위해 개발된 적정기술 사례는 다음과 같다.

세라믹 지코

1982년에 케냐에서 개발된 세라믹 지코(Ceramic Jiko)는 휴대가 가능한 숯 화덕으로 숯을 적당히 사용하고 유지시켜 연료 사용을 30~50 퍼센트 줄일 수 있다. 이 화덕은 소비자가 돈을 절약할 수 있게 하고, 유독가스와 분진 문제를 줄이고, 사

세라믹 지코.

용자의 전반적인 건강에 도움을 준다. 이 화덕은 케냐의 도시 지역 가정의 50퍼센트 이상과 지방 가정의 16퍼센트 정도에서 사용되며 주변 아프리카 국가로 전파되고 있다. 한편 에티오피아 광산에너지부 산하의 EREDPC에서는 케냐의 세라믹 지코를 개량한 '라케크' 난로를 개발하고 300만 개 이상을 보급하였다. 이 난로를 쓰면 한 가정당 하루에 125그램 이상의 숯을 절약할 수 있다. 평균적으로 라케크 난로의 에너지 효율은 42

퍼센트인 반면에 전통적인 사각형 금속 숯 난로의 에너지 효율은 33퍼센트이다. 라케크의 평균 수명은 2년 정도이다.

G-saver

G-saver.

한국의 김만갑 교수가 2010년에 개발한 G-saver는 몽골의 게르에서 사용하는 화로의 열을 오랫동안 유지되도록 해주는 축열기이다. 이 제품은 맥반석, 진흙, 산화철 등이 담긴 20리터 크기의 합금통으로 난로 위에 올려놓으면 온돌의 원리를 이용해 열을 보존한다. 이 제품을 사용하면 연료소비량을 40퍼센트 감소시키며, 내부 평균온도를 5~10도 상승시켜준다. 현재 한국 NGO 굿네이버스에서 몽골 현지에 연간 1~2만 대를 생산할 수 있는 공장을 건설하고 있다.

솔라 랜턴

스탠퍼드 대학 졸업생들에 의해 설립된 디 라이트(d.light)에서 개발한 솔라 랜턴(Solar Lantern)인 S1과 S10은 낮에 태양광을 이용해서 전기를 생산하고 생산된 전기를 축전지에 저장하였다가 밤에 LED 전등을 켜는 데 활용하는 장치이다. 전력 공급이 원활하지 못하여 밤에 불을 전혀 밝히지 못하거나 기

름 등으로 간간이 불을 밝히고 살
아가는 사람들을 위해서 개발되었
다. 이 제품들을 사용함으로써 소
비자들은 활동할 수 있는 시간이
늘어나게 됨에 따라 부수입이 발
생하고 공부환경이 나아졌을 뿐만
아니라 기름 등의 사용으로 인한

솔라 랜턴.

이산화탄소 발생 및 화재 위험으로부터 벗어날 수 있게 되었다.
S1의 가격은 5달러이고, S10의 가격은 10달러이다. 2010년에
S10이 '애쉬든 상(지속가능한 에너지 부분)'을 수상하였다. 한편, 영
국 런던에 위치한 프리플레이 에너지에서는 수동충전식 랜턴
인 인디고랜턴을 개발했는데 인디고랜턴은 수동식 충전으로 3
시간 동안 사용이 가능하다.

태양열 활용

원형 접시에 조그마한 거울을 붙인 태양열 조리기를 사용해
서 음식을 조리하면 환경오염을 줄일 수 있다. 또한 바이오매스
를 사용하기 때문에 음식을 조리할 때 발생하는 매연도 없다.
직경이 큰 태양열 접시를 여러 개 사용하면 중심부의 온도가 섭
씨 1,000도를 넘으므로 태양열 발전도 가능하여 인도에서는
에너지원으로 사용하고 있다. 태양열을 활용한 태양열 난방기
를 활용하면 온수를 사용할 수 있고 난방을 하는 것도 가능하
다. 독일의 GTZ에서는 몽골의 울란바토르시 외곽에 태양열을

이용해서 난방을 하는 아파트 단지를 건설 중이다.

솔라 에이드

솔라 에이드.

세계 인구 중 약 10퍼센트가 청각 장애로 고생하고 있으며 이 중에서 약 80퍼센트 정도가 개발도상국에 거주한다. 보청기에서 가장 비싼 부분이 배터리이며 배터리는 지속적으로 교체를 해 주어야 한다. 태양광을 이용해서 보청기 배터리를 충전하는 솔라 에이드(Solar Aid)는 청각장애가 있는 사람들이 저렴한 비용으로 사용할 수 있어 이들이 학교를 다니고 경제활동에 참여할 수 있도록 도움을 준다. 솔라 에이드는 2003년에 보츠와나의 고디사 테크놀로지(Godisa Technologies)에서 개발하였으며 7,000개 이상의 제품이 남아메리카, 중앙아메리카, 아프리카와 아시아에서 사용되고 있다.

한편 일반적으로 배터리의 가격은 어느 지역에서나 비싸기 때문에 고디사 테크놀로지는 이 기술을 개발도상국뿐만 아니라 미국이나 유럽에도 보급하고자 한다. 이것은 개발도상국의 BOP(Bottom of Pyramid: 최하소득계층) 시장에서 성공한 혁신적인 제품이 선진국 시장으로 진입하는 하나의 좋은 예가 될 것이다.

바이오매스 숯

개발도상국에서는
음식을 조리하기 위해
주요 에너지원으로 나
무를 사용한다. 이 과
정에서 산림이 심하
게 황폐화되고 환경적
인 피해가 발생한다. 또

바이오매스 숯.

한 많은 어린이들이 실내에서 조리할 때 발생하는 연기로 인
한 호흡기 질환으로 목숨을 잃는다. 바이오매스 숯(Biomass
Charcoal)은 나무 숯의 대안으로 개발되었다. 사탕수수의 당분
을 짜고 남은 찌꺼기인 버개스(bagasse), 옥수숫대, 수수깡 등
을 건조시킨 후 가마에서 불완전 연소시켜 탄화하면 이를 카
사바 가루와 섞는다. 프레스를 이용해서 이것을 압축하면 나무
숯처럼 잘 타는 바이오매스 숯이 만들어진다. 옥수수 속대를
이용하면 탄화과정 후에는 다른 제조공정이 필요하지 않아서
제작비용을 크게 줄일 수 있다.

시에라 휴대용 조명직물

휴대용 조명직물(Portable Light)은 멕시코 시에라 마드레 지
역의 산 안드레아스 여성 공인(工人)들에 의해 만들어졌다. 전
통적인 베틀을 사용해 섬유 안에 휴대용 조명기기를 직조했는
데 조명을 용도에 맞추어 빛을 직접 쏘거나 반사 또는 발산하

시에나 휴대용 조명작물.

도록 디자인했다. 휴대용 전등, 접촉식 스위치, 충전 배터리 등으로 활용되고 있다. 캘리포니아 주립대학교의 조명설계팀이 멕시코 현지의 전통과 결부된 조명을 연구하면서 2006년에 개발했다. 휴대가 가능한 개인용 시스템인 이 장치는 필요할 때 빛과 전기를 공급하기 위해 가지고 다닐 수 있다.

건강문제를 해결하는 적정기술

전 세계적으로 약 13억 명의 사람들이 기본적인 의료 혜택을 받지 못하고 있다. 아이들은 7명 중 1명(약 2억 7,000만 명)이 의료혜택에서 소외되어 있다. 말라리아로 인한 사망자 중 약 90퍼센트는 아프리카의 사하라 사막 이남 지역에서 발생한다. 이 지역에서는 매년 100만 명의 사람들이 말라리아로 사망하며 그중 대부분이 아이들이다. 이러한 건강문제를 해결하기 위해 개발된 적정기술 사례는 다음과 같다.

퍼마넷

퍼마넷(PermaNet)은 지속적인 살충효과를 가진 모기장으로 20번을 세탁한 후에도 4년 동안 성능을 유지한다. 말라리아의 예방을 위해 세계보건기구의 추천을 받는 제품이다. 2000년에 베스터가드 프란젠에서 개발했으며 폴리에스터 재질로 만들어졌다. 최신제품인 퍼마넷 3.0은 2009년 7월 세계보건기구에서 추천을 받았다. 이 새로운 모기장은 피레드로이드에 저항하는 말라리아 매개자들에 대한 효과를 증가시키도록 만들어졌다. 볼리비아, 에콰도르, 아이티, 과테말라, 베트남, 필리핀, 수단, 잠비아, 북한, 인도네시아 등 거의 전 세계에서 활용되고 있다.

인터넷 마을 모토맨

인터넷 마을 모토맨(Internet Village Motoman)은 태양전지판이 설치된 마을 학교와 원격의료 진료소 등을 위하여 시작되었다. 원격의료 진료는 캄보디아의 오지에서 마을 보건소를 통해 이루어지며, 이 진료소를 통해 환자는 매사추세츠 주 보스턴에 있는 의사와 접촉할 수 있다. 캄보디아의 항구 도시 프놈펜에서 온 간호사들은 각 마을을 방문하여 환자를 면담하고 검사한 후 디지털 사진을 찍어 솔라 셀 컴퓨터를 사용하여 위성을 통해 보스턴의 의사에게 환자의 정보를 전해 준다. 몇 시간 안에 의사가 의학적 소견과 처방을 해준다.

원형 야외 화장실 뚜껑

원형 야외 화장실 뚜껑(Domed Pit Latrine Slab Kit)은 1992년에 킥 스타트에 의해서 고안되었다. 이 제품은 원래 모잠비크의 비존 브랜드 버그가 만든 야외 화장실 뚜껑의 디자인에 바

탕을 두고 있다. 킥 스타트는 비숙련 노동자들도 제작할 수 있도록 제작과정이 간단하면서도 품질이 좋은 뚜껑을 대량생산할 수 있도록 제품을 재설계했다. 현지에서 구할 수 있는 단단한 목재를 사용하여 두께를 줄인 돔 형태의 제품은 기존의 철근 콘크리트 제품보다 싸다. 본체에 꼭 맞도록 만들어진 뚜껑은 냄새가 나지 않고 파리가 들어오지 못하도록 한다. 에티오피아, 케냐, 수단 등 동아프리카 지역의 난민 캠프에서 사용되고 있다.

항아리 속 항아리 저장고

항아리 속 항아리 저장고.

항아리 속 항아리 저장고 (Pot in Pot Cooler)는 1995년에 나이지리아의 교사인 무하메드 바 아바에 의해서 고안되었다. 이 제품은 크기가 다른 두 개의 항아리와 두 항아리 사이의 빈 공간에 채워진 모래와 물로 이루어져 있다. 항아리 사이의 물이 증발하면서 작은 항아리 내부의 열을 빼앗는다. 이 제품을 사용하지 않았을 때 토마토가 2~3일 동안만 보존되는 반면, 이 제품을 사용하면 21일간 보관할 수 있다. 현재 부르키나파소, 카메룬, 차드, 에리트레아, 에티오피아, 니제르 등에서 사용되고 있다. 2001년에 『타임(Time)』지로부터 올해의 우수발명으로 선정되었으며 그해에 롤렉스 상을 받았다.

인도의 자이푸르 의족

자이푸르 의족(Jaipur Prosthesis)은 램 찬드라 셀마와 정형외과 의사인 세티 박사가 종전의 의족을 개선하여 1968년에 고안하였다. 자이푸르 의족은 그것이 고안된 인도의 자이푸르 지역의 이름을 따서 지어졌다. 고무를 사용해서 가격이 저렴하며 내구성이 좋고 방수가 된다. 발목 지뢰로 인해서 다리가 절단된 사람들을 포함해서 약 100만 명에게 사용되었다.

아이들을 교육시키는 적정기술

전 세계적으로 8억 5,500만 명의 사람들이 문맹이다. 이 중 3분의 2가 여성이다. 전 세계적으로 1억 2,100만 명의 아이들(대부분 여자 아이들)이 초등교육을 받지 못하며, 70억 인구 중에서 15퍼센트 미만이 인터넷에 접속할 수 있다. 이러한 교육문제를 해결하기 위해 개발된 적정기술 사례는 다음과 같다.

킨카주 마이크로필름 프로젝터

킨카주 마이크로필름 프로젝터(Kinkajou Microfilm Projector)는 전기가 들어오지 않는 지역에서 밤에도 공부할 수 있도록 고안된 교육도구이다. 미국 보스턴에 있는 디자인 댓 매터스(Design that Matters)와 MIT의 교수 및 학생들이 공동으로 작업하여 2004년에 개발했다. 견고하면서도 비싸지 않은 부품들로 구성되어 있어서 가격이 저렴하다. 개개인이 학습할 자료를 갖추고 기름 램프 등을 준비하기 어렵기에, 오래 쓸 수 있고 효율적인 LED와 마이크로필름의 저장능력을 갖춘 이 휴대용 설비는 언제 어디서나 도서관의 기능을 수행할 수 있다. 태양전지판을 갖추고 있으므로 자체적으로 전력을 얻을 수 있다. 말리, 방글라데시, 베냉, 인도 등에서 사용된다.

AMD 개인용 인터넷 커뮤니케이터

AMD의 개인용 인터넷 커뮤니케이터(Personal Internet Communicator)는 저렴한 가격에 인터넷 접속을 포함한 기본적인 컴퓨터 기능을 제공하기 위해 고안되었다. 이 제품은 2004년에 개발되었으며 단단한 주형 알루미늄 케이스에 AMD Geode GX 프로세스와 용량이 10기가인 내부 하드디스크를 갖췄다. AMD 이니셔티브는 2015년까지 전 세계의 50퍼센트 이상의 사람들이 인터넷 접속과 컴퓨터 사용을 할 수 있게 하기 위한 새로운 기술 발전과 대안 마련을 위해 노력하고 있다. 현재 브라질, 인도, 멕시코, 파나마, 러시아, 남아프라카 공화국, 터키, 우간다, 미국 등에서 판매되고 있다.

주거환경을 개선하는 적정기술

전 세계 10억 명 이상의 인구가 부적절한 주거환경에서 생활하고 있으며, 1억 명 이상의 사람들은 노숙에 가까운 환경에서 살고 있다. 개발도상국에는 적절한 주거 공간이 없이 살아가는 아이들도 6억 4,000만 명이나 있다. 현재 임시주택을 필요로 하는 약 2,100만 명의 강제이주자와 1,200만 명의 난민 및 망명자가 있다. 이러한 주거문제를 해결하기 위해 개발된 적정기술 사례는 다음과 같다.

매드 하우저의 오두막

매드 하우저(Mad Housers)는 미국 조지아공과대학교의 건축공학과 학생들이 애틀랜타의 노숙자들에게 숙소를 제공한다는 목표로 1987년에 만든 단체다. 매드 하우저가 디자인한 오두막에는 보안을 위한 잠금장치가 있고, 짐을 넣고 잘 수 있는 공간이 있으며, 요리할 때나 난방에 쓰이는 나무 화덕을 갖추고

매드 하우저의 오두막.

있다. 이 오두막들은 사용자가 한동안 머무를 지역의 안정된 장소에 설치하면 된다. 매드 하우저 오두막은 영구적으로 거주할 집이 아닌 임시적인 숙소를 제공하기 위하여 고안되었다. 사용재료는 고무, 못, 베니어판, 플라스틱, 스토브파이프, 55갤런 드럼통 등 주변에서 쉽게 구할 수 있는 재료들이다.

머니메이커 블록 프레스

머니메이커 블록 프레스.

킥 스타트가 1986년에 개발한 머니메이커 블록 프레스(Money Maker Block Press)는 개인이 손쉽게 만들 수 있는 흙벽돌 제작기구이다. 이 제품은 효율적으로 흙벽돌을 생산해내는 기구로 5~8명의 노동자가 하루에 400~800개 정도의 블록을 만들 수 있다. 흙을 소량의 시멘트와 함께 섞어서 고압으로 압축하고 10일 이상 건조하여 강하고 오래가는 건축 블록을 만든다. 크기와 강도를 조절할 수 있어 고밀도 블록도 만들 수 있다. 특히 토양이 섞이는 박스가 따로따로 내재되어 만들어진 블록이 항상 일정한 밀도와 크기를 유지할 수 있도록 설계되었다. 콩고, 케냐, 말라위, 탄자니아, 우간다, 잠비아 등의 동아프리카의 블록 제작 및 건축회사들에 2,200개 이상 팔렸다.

적정기술을 이끄는 단체들

해외 적정기술 단체

1965년 슈마허가 중간기술 개념을 처음 주창한 이후 해외에서는 다양한 적정기술 운동이 전개되었으며 많은 단체가 생겨났다. 미국, 영국, 인도 등에 있는 주요 적정기술 관련 기관 및 운동은 다음과 같다.

베어 풋 대학

설립연도 및 장소: 1972년 인도 틸로니아

속성: NGO

홈페이지: www.barefootcollege.org

베어 풋 대학(Barefoot College)은 농촌 지역의 현지인들이 스스로 자립적이고 지속가능하게 발전할 수 있게 만드는 것을 목적으로 설립되었다. 지금까지 그들에게 기본적인 서비스와 농촌 지역 문제들에 대한 해결책을 제공해 오고 있다. 베어 풋 대학은 농촌 개발 활동이 성공적이고 지속적이기 위해서는 그러한 활동이 서비스를 제공하는 대상에 의해 관리, 소유되어야 하며, 그 토대가 마을을 기반으로 하고 있어야 한다고 믿는다. 따라서 베어 풋이 실시하는 모든 사회, 정치, 경제적 활동들은 베어 풋 프로페셔널로도 알려진 농촌 지역의 남성, 여성들의 네트워크에 의해서 계획되고 실행된다. 베어 풋 대학이 다루는 영역은 크게 에너지, 교육, 보건, 여권신장 시민운동, 농촌 수공업, 불모지 개발 등으로 구분될 수 있다. 베어 풋 대학의 교육생들은 문맹이거나 간신히 문맹을 벗어난 사람들로 남녀노소 상관없이 구성되어 있다. 교육생들은 그들 스스로 자신들의 공동체를 도울 수 있도록 자신들의 능력을 활용할 수 있는 배움의 기회를 제공받는다. 교육은 문서 위주의 교육보다는 직접 실행해 보면서 실제적인 지식과 기술을 배우는 방법을 장려하고 있다. 다양한 분야(보건, 예술, 기술, 교육) 등에서 일하기 위해 훈련을 받고 있다.

대안기술센터

설립연도 및 장소: 1973년 영국 웨일스 주 마킨레스

설립자: 제러드 모건(Gerard Morgan)

속성: 교육 및 방문 센터

홈페이지: www.cat.org.uk

영국의 대안기술센터(Center for Alternative Technology, CAT)
가 설립될 당시 이 단체는 친환경 원칙을 추구하는 새로운 아
이디어와 기술을 위한 일종의 실험실과 같은 곳이었다. 대안기
술센터는 전 지구적으로 지속가능하고, 온전하며, 환경적으로
건강한 기술과 삶의 방식들을 찾아가는 것을 설립목적으로 한
다. 이 과정에서 대안기술센터의 역할은 사람들의 삶에서 긍정
적인 변화를 이끌어낼 수 있도록 다양한 범위의 대안들을 탐
색하고 설명하는 것이다. 대안기술센터는 토지 및 주거지 사용,
에너지의 보존과 사용, 음식과 건강, 쓰레기 관리와 재활용 등
과 관련된 그들의 업무와 통합적 아이디어 실행을 전체적으로
다루는 것을 특징으로 한다. 현재 지구와 인류가 직면하고 있
는 가장 심각한 도전인 기후변화, 환경오염, 자원 낭비 등의 문
제를 해결하기 위한 구체적인 기술과 삶의 방법들을 연구하고,
소개하는 역할을 수행하고 있다.

호주 적정기술센터

설립연도 및 장소: 1980년 호주 앨리스스프링스

속성: 호주 정부 산하 연구기관

홈페이지: www.icat.org.au

호주의 적정기술센터(Center for Appropriate Technology,
CAT)는 호주 중부지역의 작고 외딴 원주민 커뮤니티에 적합한

기술을 제공하기 위해 설립되었다. 당시 주민들은 쉽게 유지될 수 있고 비용도 저렴한 물 펌프, 스토브, 샤워시설을 필요로 했고, 적정기술센터의 직원들은 이러한 목적에 적합한 기술들을 고안했다. 적정기술센터가 발전하면서 기술에 대한 이해는 조금 더 복잡해졌기 때문에 기술과 지식을 접목시켜야 할 필요성이 증대되었다. 적정기술의 역할이 크게 대두된 것이다. 적정기술센터는 적정기술을 통해 지속가능한 생계를 확보하는 것을 목적으로 하며, 궁극적으로 원주민 커뮤니티의 행복과 안전을 위하는 것을 비전으로 한다. 현재 적정기술센터는 원주민의 역량강화, 네트워크와 파트너십 계발, 사업 기회창출 등을 위해 기술조언, 프로젝트 관리, 기술개발, 생산품 디자인 등의 영역에서 서비스를 제공하고 있다.

디 라이트

설립연도 및 장소: 2007년 미국 캘리포니아 주 샌프란시스코

설립자: 샘 골드먼과 네드 토준

속성: 사회적 기업

홈페이지: www.dlightdesign.com

샘 골드먼(Sam Goldman)과 네드 토준(Ned Tozun)이 설립한 디 라이트(d.light)는 전력공급이 원활하지 못하여 밤에 불을 전혀 밝히지 못하거나 기름 등으로 빛을 간간이 밝히고 살아가는 사람들을 위해서 만들어졌다. 가격은 저렴하면서, 태양발전에 기반을 둔 다양한 종류의 램프나 스탠드를 생산하는 기업

이다. 기본적으로 전기가 들어오지 않는 환경의 구매력이 뛰어나지 않은 고객을 대상으로 하기 때문에 효율성을 극대화한 제품들을 생산한다. 용도가 다양한 제품들이 대부분이며 디 라이트의 제품들은 이미 많은 지역에서 사용되고 있다. 이 제품들을 사용함으로써 소비자들이 활동할 수 있는 시간이 늘어나게 됨에 따라 부수입이 발생하고 공부환경이 나아졌을 뿐 아니라 기름 등의 사용으로 인한 이산화탄소 발생이 줄어들고 화재 위험으로부터 벗어날 수 있게 되었다. 2010년에 이들이 개발한 램프가 '애쉬든 상(지속가능한 에너지 부분)'을 수상하였다.

디 레브

설립연도 및 장소: 2007년 미국 캘리포니아 주 팰러앨토

설립자: 폴 폴락

속성: 비영리기업(NPO)

홈페이지: www.d-rev.org

디 레브(D-Rev)는 비영리 디자인기업으로, 하루에 2달러 미만의 수입으로 살아가는 사람들의 건강과 수익을 향상시키기 위해서 시장중심의 제품을 개발하는 것을 목적으로 한다. 현재 디 레브는 블루 스타(Blue Star), 글로벌 스코프(Global Scope), 밀크 투 마켓(Milk to Market), 액세스 포 애그리컬처(Access for Agriculture), 솔루 파워(Solu Power), 리 모션(Re:Motion) 등 6개의 제품을 생산하고 있다. 황달은 단순한 광선요법으로 치료될 수 있는데, 개발도상국에서는 적절한 대안

이 마련되어 있지 않은 상황이기에 기존 기기에 비해 25배 이상 저렴한 블루 스타를 내놓았다. 한편 현미경이 없어서 각종 진단이 불가능했던 개발도상국을 위해 기존 현미경보다 3배 이상 저렴한 현미경을 출시하고, 우유 보관의 용이성을 위해 위생과 보관을 개선시키는 등 다방면에서 실질적으로 도움이 될 만한 물건들을 개발했다.

프리 플레이 에너지

설립연도 및 장소: 1994년 영국 런던

설립자: 크리스 스타인즈

속성: 영리 기업

홈페이지: www.freeplayenergy.com

수동식 충전장치 전문기업인 프리 플레이 에너지(Free play energy)는 수동충전 라디오 라이프 라인(Life line)으로 많이 알려져 있다. 이 제품은 핸들을 몇 번 돌려 충전하면 전기를 사용할 수 없는 곳에서도 라디오를 들을 수 있어 전 세계 오지에 사는 사람들에게 많은 도움이 되어 왔다. 이 밖에 휴대용 에너지소스인 프리차지 웨자와 수동충전식 랜턴인 인디고가 있다. 인디고 랜턴은 수동식 충전으로 3시간 동안 사용이 가능하다. 프리차지 웨자는 발로 페달을 밟으면 충전기가 회전하여 충전되는 것으로 40와트까지 전기를 일으켜 내장된 배터리를 충전하여 120볼트의 전기를 만든다. 프리 플레이 에너지의 핵심 가치는 고객과 파트너에 대한 약속 이행, 첨단기술과 사업의 추구, 사전 행동, 고객의 능력 배양, 직원에 대한 책임감, 그리고 적극적인 파트너 개발이다.

가비오따쓰

설립연도 및 장소: 1971년 콜롬비아 가비오타스

설립자: 파올로 루가리

속성: 자립형 지역공동체

홈페이지: www.friendsofgaviotas.org

가비오타스(Gaviotas)는 서구식 근대화에 회의를 느낀 사람들이 콜롬비아에서도 가장 척박하고 황량한 초원지대에 건설한 계획공동체이다. 이들은 1970년대 초반에 이미 태양열시대를 활짝 열었고, 태양열이나 풍력과 같은 대체 에너지만을 이용하여 새로운 사회를 만들려고 하였다. 이들은 콜롬비아에 있는 공과대학과 연계하여 젊은 공학도들에게 자신의 아이디어를 펼쳐 보일 수 있는 자리를 마련해주었다. 그 결과 가비오따쓰형 풍력 발전기, 슬리프 펌프, 태양열 냉장고, 태양열 주방과 같은 적정기술 제품이 발명되었다.

IDDS

설립연도 및 장소: 2007년, 미국 매사추세츠 주 보스턴

설립자: 에이미 스미스

속성: 디자인 서밋

홈페이지: www.iddsummit.org

IDDS(International Development Design Summit)는 매년 여름 방학을 이용해서 전 세계 적정기술 전문가들이 한자리에 모여서 한 달 동안 토론하면서 적정기술 시제품을 만드는 디자인 서밋이다. D-lab의 설립자인 에이미 스미스(Amy Smith)에 의해서 2007년 MIT에서 시작되었으며 2009년과 2011년에는 가나의 KNUST, 2010년에는 미국 콜로라도주립대학교에서 개최되었다. 개발된 적정기술 제품을 활용한 사회적 기업 창업도 지원하고 있으며 2012년부터는 지역별로 3개로 나뉘어서 개최될 예정이다.

IDE

설립연도 및 장소: 1982년 미국 콜로라도 주 볼더

설립자: 폴 폴락

속성: NGO

홈페이지: www.ide-international.org

IDE(International Development Enterprises)의 설립 목적은 가난한 사람들의 수입을 증대시켜 이들을 가난으로부터 벗어나게 하는 것이다. 이를 위해서 IDE는 가난한 이들이 직접 적당한 가격과 크기의 소형 관개펌프 등을 개발, 제조 및 마케팅을 할 수 있도록 지원한다. 또한 물을 저장하고 효과적으로 사용할 수 있는 시스템을 개발했다. IDE는 이러한 기술을 통해 약 1,900만 명의 사람들의 수입을 크게 늘릴 수 있었으며, 약 10억 달러의 총 수입 증대 효과를 거두었다. 또한 1달러의 IDE

의 지원으로 인하여 가난한 이들의 수입을 약 10달러 정도 늘리는 효과를 가져왔다. IDE는 주로 소작농들에게 초점을 맞추고 있으며 '관개와 소규모 시장을 통한 변화 감소(PRISM)'라는 독특한 전략을 사용하고 있다. 이 프로젝트는 2헥타르 이하의 땅을 경작하고 있는 소작농에게 초점을 맞췄다. PRISM은 이 소작농들이 단순히 지원받는 대상이 아니라 경영자이자 소비자가 될 수 있도록 이들에게 필요하며, 직접 만들 수 있는 펌프, 관개 시스템을 개발하고 교육한다. IDE가 개발 또는 보급하고 있는 대표적인 기술로는 족동식 펌프, 로프펌프, 드립펌프, 스크링클 관개, 물 저장 시스템, 세라믹 워터 필터 등이 있다.

킥 스타트

설립연도 및 장소: 1991년 케냐 나이로비

설립자: 마틴 피셔와 닉 문

속성: NPO

홈페이지: www.kickstart.org

킥 스타트의 선언문에 의하면 킥 스타트는 수백만의 사람들을 가능하면 저렴하고 효과적으로 가난에서 빨리 탈출하게 하고, 이런 사업이 지속가능하게 유지될 수 있도록 하는 목적을 가진다. 세상이 가난과 싸우는 방법을 변화시키는 것이 그들의 가장 큰 관심사이다. 이러한 프로그램을 통해서 킥 스타트는 2011년 6월 11만 4,000개의 새로운 비즈니스가 시작되었다. 킥 스타트의 사업은 시장조사, 신기술 설계, 제조자 교육, 기술

판매, 그리고 성과분석의 다섯 단계를 거친다.

국립적정기술센터

설립연도 및 장소: 1977년 미국 몬태나 주 뷰트

설립자: 미국 정부

속성: 처음에는 국가의 지원을 받았으나 지금은 독립적으로 운영

홈페이지: www.ncat.org

1973~1974년 석유 파동이 발생하자 카터 미국 대통령은
오일 엠바고에 대한 대응으로 국립적정기술센터 설립의 핵심
이 되었던 커뮤니티기능국(Community Action Agencies, CAA)
과 연계된 다양한 에너지 보존 프로그램을 시작하였다. 태양열
과 대체 에너지에 대한 다양한 연구개발을 에너지 위기의 주
타깃이었던 저소득층과 관련짓기 위해 이 조직은 1977년 약
300만 달러의 예산으로 국립적정기술센터(National Center for
Appropriate Technology, NCAT)로 확대·발전되었다. 국립적정
기술센터가 구성되었을 때 적정기술의 개념은 자원과 저소득
커뮤니티에 적절히 필요한 기술들과 그 과정으로 재정의되었
다. 초기 프로그램의 주요 분야는 재생가능한 에너지와 보존에
있었지만 다양한 분야로 관심사를 넓혀 최근에는 지속가능한
에너지, 농업 및 식량, 농업 에너지, 기후 변화 등과 관련된 훈
련, 출판, 웹사이트 운영, 기술원조 등을 실시하고 있다.

프랙티컬 액션

설립연도 및 장소: 1966년 영국

설립자: 에른스트 슈마허

속성: NGO

홈페이지: www.practicalaction.org

프랙티컬 액션(Practical Action)은 슈마허가 그의 저서 『작은 것이 아름답다』에 기술된 철학이 사람들의 삶에 실제적이고 지속적인 향상을 가져올 수 있다는 것을 증명하기 위해서 설립하였다. 프랙티컬 액션은 비록 작을지라도 옳은 생각은 직장을 만들고 보건과 삶의 질을 향상시킬 수 있다고 믿는다. 프랙티컬 액션에서 진행되고 있는 사업은 가난한 사람들이 자연재해, 환경 파괴 등의 영향을 덜 받도록 돕기, 가난한 사람들이 일할 수 있는 시장 만들기, 가난한 사람들이 기본적인 서비스에 접근할 수 있도록 돕기, 그리고 가난한 사람들이 새로운 기술을 습득하는 것을 돕기이다. 2009~2010 회계연도에는 94만 4,000명의 새로운 사람들과 접촉하였다.

STVC

설립연도 및 장소: 1989년 에티오피아 아디스아바바

설립자: 스위스 정부의 지원으로 설립

속성: 전문대학교

홈페이지: www.selamethiopia.org

에티오피아의 STVC(Selam Technical and Vocational

College)에서 학생들은 기계학, 자동 기계학, 목공, 전기공학, 기계공학, 건축공학 등에 대해 배우고 있다. 학생들은 31개의 워크숍에 참여하며, 적정기술을 이용하여 곡물 수확 장비나 여러 종류의 물 펌프, 벌꿀 추출기, 바이오가스 제조기, 나무 보존 난로, 구멍이 파인 블록 압축기, 버터처언(butter churn: 크림을 버터로 전환시키는 데 사용되는 도구) 등의 도구를 만들고 있다.

베스터가드 프란젠

설립연도 및 장소: 1950년 덴마크
설립자: 베스터가드 프란젠
속성: 영리 기업
홈페이지: www.vestergaard-frandsen.com

천 제조 회사이던 베스터가드 프란젠(Vestergaard Frandsen)은 2001년에 제로 플라이를 개발하면서 긴급구조제품 제조회사로 변신한다. 제로 플라이는 살충제를 첨가한 비닐시트로, 지면에 막대를 세우고 시트를 덮으면 살충효과를 발휘하는 일석이조의 대피소를 만들 수 있다. 베스터가드 프란젠은 그들의 선언문에서 밝힌 것과 같이 다른 기업에서 관심을 가지고 있지 않은 소외되고 가난한 사람들에게 필요한 제품을 개발함으로써 사회에 공헌하는 것을 설립이념으로 하고 있다. 베스터가드 프란젠의 대표 제품으로는 이 밖에도 휴대용 간이 정수기인 라이프 스트로와 방충 모기장인 퍼마넷이 있다.

국내 적정기술 단체

40~50년의 적정기술 역사를 지닌 서구 선진국의 경우와는 달리 한국의 적정기술 역사는 상대적으로 짧다. 하지만 최근 4~5년간 적정기술 관련 기관이 지속적으로 설립되고 있으며 연구도 활발하게 이루어지고 있다.

국경 없는 과학기술자회

설립연도 및 장소: 2009년 서울

대표: 유영제

속성: 비영리 사단법인

홈페이지: www.sewb.org

국경 없는 과학기술자회(Scientists and Engineers without Borders)는 과학기술인으로서 사회봉사 의무를 하는 단체이다. 적정기술에 필요한 과학기술 정보수집, 정보배포, 네트워크 형성, 필요한 기술 연구 개발, 필요한 지역 방문 및 봉사활동을 목표로 하는 모임이다. 국경 없는 과학기술자회에서는 개발도상국에 필요한 기술들을 몇 가지 선정해서 연구개발을 추진할 계획이다.

굿네이버스

설립연도 및 장소: 1991년 서울

대표: 이일하

속성: 비영리 사단법인

홈페이지: www.goodneighbors.kr

굿네이버스(Good Neighbors)는 국내에서는 아동권리 보호, 네트워크, 사회교육을 목표로 전문 사회복지사업을 수행하고 있으며, 해외에서는 방글라데시, 케냐, 에티오피아, 르완다, 네팔 등 20개국과 북한에서 구호개발사업을 전개하고 있다. 적정기술 관련해서는 특허청 및 나눔과 기술과 공동으로 진행 중인 '차드 프로젝트'에서 사업 기획 및 관리, 현지 사업화 및 운영, 자금을 동원하는 등의 역할을 맡고 있다. 또한 몽골 사업장에서는 G-Saver의 사업화를 추진 중이다. 최근에는 적정기술센터(Appropriate Technology Center)를 내부에 설립하여 다양한 프로그램과 활발한 온라인 인식제고 캠페인을 진행하고 있다.

국제기아대책기구

설립연도 및 장소: 1989년 서울

대표: 정정섭

속성: 비영리 사단법인

홈페이지: www.kfhi.or.kr

국제기아대책기구(Korea Foods for the Hungry International)는 몸과 마음의 굶주림을 세상에 알리고 예수 그리스도의 사랑을 전하기 위해 사역자를 파송하며 긴급 구호활동과 지속적인 개발사역을 목적으로 설립되었다. 1992년 제1회 기아봉사단을 우간다로 파송한 이래 해외와 국내 기아현장을 방문하여 구호품 전달, 의료 구호팀 파견, 무료 급식소 운영, 결식아동 지원, 영세한 복지시설 지원, 병원 지원, 난민돕기 등을 하고 있다. 2011년 여름에는 효성그룹과 함께 대학생 적정기술 해외봉사단인 블루챌린저를 베트남과 캄보디아에 파견하여 태양광 시설, 쓰레기 소각장 등을 설치했다.

나눔과 기술

설립연도 및 장소: 2009년 대전

대표: 경종민

속성: 비영리 사단법인

홈페이지: www.stiweb.net

나눔과 기술(Sharing and Technology, Inc.)은 과학기술 전문성을 통해 세계의 어려운 이웃에게 필요한 적정기술을 보급. 지원하며, 이공계 젊은이들에게 나눔의 정신이 담긴 과학기술 문화의 확산을 돕는 것을 목적으로 하고 있다. 물, 에너지, 환경, 기술자원 분야에서 소외된 이웃에게 적정한 기술을 개발하고 적정기술 제품과 정보를 나누고 보급하는 지원활동을 전개하며, 나눔의 기술을 전파하고 공유하는 학술회의, 경진대회, 교육 아카데미 진행 등을 해오고 있다. 한밭대학교, 한동대학교와 공동주최하는 공학설계 아카데미 및 공학설계 경진대회는 2008년부터 매년 열려 이공계 전공자들이 실제 필요를 바탕에 둔 적정기술 설계에 참여하는 중요한 기회를 제공해오고 있다.

대안기술센터

설립연도 및 장소: 2006년 경상남도 산청

대표: 이동근

속성: 비영리 사단법인

홈페이지: www.atcenter.org

대안기술센터(Alternative Technology Center)의 창립목적은 지속가능한 사회의 공동체 건설, 환경오염과 에너지 위기에 대한 대안 제시, 빈곤퇴치 등이다. 대안기술센터는 적정기술을 현대사회가 직면한 여러 문제를 해결하는 대안을 제시할 수 있는 기술로 인식하고 있다. 주요사업은 볏짚으로 조성하는 공동체마을 건립, 지구온난화에 대응하는 에너지 대안기술 보급운동, 국내외 대안기술 컨설팅 등이다.

에너지 팜

설립연도 및 장소: 2008년 경기도 부천

대표: 김대규

속성: 사회적기업

홈페이지: www.energyfarm.or.kr

에너지 팜(Energy Farm)은 대안기술센터와 연계하여 대안기술의 보급, 다양한 교육 및 빈곤퇴치사업을 진행하고 있다. 특히 셰플러 태양열 시스템, 태양광 발전설비, 소형 풍력발전기의 개발과 보급을 통해 취약 지역의 취사, 난방, 병원, 공장 등의 에너지 자립도를 높여가고 있다.

적정기술재단

설립연도 및 장소: 2011년 서울

대표: 홍성욱

속성: NGO 등록 준비 중

홈페이지: www.approtech.or.kr

적정기술재단(Appropriate Technology Foundation)은 적정기술의 인지도 확산 및 보급을 위해 설립되었다. 정기적으로 적정기술포럼과 소규모 적정기술 전시회를 개최하여서 일반인들에게 적정기술을 알리는 데 주력하고 있다. 일반인 대상으로 7주 과정의 적정기술 아카데미를 개설했으며, 사회적 출판사 에딧더월드와 함께 출간 예정인 『소외된 90%와 함께 하는 디자인: 도시편』(가제) 등 적정기술 관련 서적들을 출간하고 있다. 효성과 기아대책이 주관하는 대학생 대상 적정기술 해외봉사단인 '블루챌린저'의 기술부분에 대한 운영을 맡고 있다.

팀 앤 팀

설립연도 및 장소: 1997년 서울

대표: 김두식

속성: 비영리 사단법인

홈페이지: www.teamandteam.org

팀 앤 팀(Team and Team)은 분쟁지역과 재난지역을 대상으로 총체적 접근을 통한 긴급구호와 지역사회개발을 목표로 설립된 비영리단체로 미션 퍼스펙티브(Mission Perspectives) 교육

훈련과 함께 시작됐다. 우물개발 프로젝트와 빗물저장시설 설치 등의 프로젝트를 수행하고 있다.

한동대학교 그린 적정기술연구협력센터

설립연도 및 장소: 2010년 한동대학교

대표: 한윤식

속성: 대학교 부설 연구센터

2010년에 설립된 한동대학교 그린 적정기술연구협력센터 (Research Collaboration Center for Green Appropriate Technology)는 최빈국에 있는 지역공동체의 자생력을 강화하고 경제적 기반을 형성하는 것을 목적으로 한다. 주요 사업으로는 해외전공봉사(GEM)지원사업, 개도국 과학기술지원사업 (TPC) 등이 있다. 향후 개도국 현지의 NGO들과 협약을 맺고 거점센터를 설치한 후 지역개발의 거점으로 운영할 계획이다.

한밭대학교 적정기술연구소

설립연도 및 장소: 2009년 한밭대학교

내표: 홍성욱

속성: 대학교 부설 연구소

한밭대학교 적정기술연구소에서는 매년 적정기술 관련 워크숍을 개최하고 있으며 적정기술 관련 국내 유일의 논문집인 『적정기술』을 2009년부터 정기적으로 발간하고 있다. 특허청 등의 지원을 받아서 적정기술 관련 정책과제를 수행하였으며 적정기술재단과 함께 일반인 대상 적정기술 아카데미를 개최하고 있다. 또한 에딧더월드와 함께 적정기술 분야의 국내 첫 입문서인 『소외된 90%를 위한 디자인』을 번역, 출간하였다. 한밭대학교 공학설계 동아리인 어프로텍과 함께, 몽골의 식수 문제 해결을 위한 정수기, 불소 제거를 위한 간이 정수기, 물의 대류를 이용한 온수난방 시스템 등의 프로젝트를 진행하였다. '옥수숫대를 이용한 숯' 제조에 대한 연구는 나눔과 기술, 특허청, 굿네이버스가 공동으로 진행한 차드 프로젝트에 기초자료로 활용되었다.

융합으로 새로워지는 적정기술

적정기술이 점차적으로 주목을 받는 가운데 과거와는 다른 폭넓고 다양한 이해관계자의 참여가 확산되고 있다. 그 배경에는 적정기술이 시너지 효과를 만들어낼 수 있도록 다른 분야와 적정기술이 적극적으로 융합하고 있기 때문이다. 이곳에서는 그중 비즈니스, 개발협력, 디자인 등 세 영역과 적정기술이 어떻게 융합되고 있는지를 살펴보자.

적정기술과 비즈니스

몇 년 전부터 하버드 대학교, 스탠퍼드 대학교, MIT 등 전세계 유수대학의 MBA 학생들에게 가장 인기가 많은 수업 중

하나로 '사회적 기업가정신'이 꼽히고 있다. 비록 적정기술이란 단어를 쓰진 않지만, 사회 혁신(social innovation)과 피라미드 저변이론(bottom of the pyramid, BOP)으로 대변되는 빈곤층을 포함하는 인클루시브 비즈니스(inclusive business)를 다루는 이들 수업에는 적정기술 또는 소외된 90퍼센트를 위한 디자인의 개념과 설계, 그리고 실행이 포함되어 있다.

사회적 기업가정신 석사과정이 최초로 개설된 헐트 국제경영대학원의 수업 중 사회적 기업가정신 개론에는 무하마드가 설립하고, 인도 전역에서 가정용 태양광시스템(solar home system)을 보급하는 그라민삭티(Grameen Shakti)가 집중적으로 연구된다. 1996년에 인도에서 시작된 이 프로그램은 재생에너지인 태양광 발전을 이용해 저소득층의 에너지빈곤을 탈피하도록 돕지만, 사용자가 소액금융 등을 통해 구매를 해야 하는 비즈니스다. 현재까지 65만 개 이상의 가정용 태양광시스템이 설치되었고, 이를 통해 현재 1만 명 이상이 고용되었다. 구매비용은 도시지역은 최소 1,000달러, 시골지역은 최소 130달러로 구매가격을 차별화했고, 설치 후 4년 후에는 구매비용을 웃도는 이윤이 발생하게 된다. 태양광에 기반한 제품이 구호물품으로 배분되기도 하지만, 이렇듯 소액금융 등의 시스템과 함께 제공될 경우 빈곤층의 실제적인 필요를 해소하는 상품을 통한 시장형성이 가능해진다.

MIT 경영대학원을 졸업하고 현재 케냐에 거주하는 데이비드는 동기들과 함께 'SANERGY'라는 프로젝트를 진행하고 있다. 사람의 분뇨를 수거해 한곳에 모아 바이오가스를 생산, 에너지를 공급한다는 의미에서 위생(sanitation)과 에너지(energy)를 결합한 이름을 붙였다. 케냐 시내와 슬럼지역에 턱없이 부족한 공공화장실을 보완하는 저렴한 화장실 운영을 통해 이윤을 창출하고, 바이오가스 생산 및 판매를 통한 별도의 이윤을 창출하는 것이 이들의 비즈니스모델이다. 이윤은 의미 있는 프로젝트를 지속가능하게 하는 원료이기에, 적정기술과 비즈니스의 만남은 이들에게 아주 자연스러운 결합이기도 하다.

현지의 다양한 제약과 문제를 기반으로 시작되는 이러한 비즈니스는 오히려 선진시장에 역으로 진출하기도 한다. BOP 시장에 대한 유엔개발계획의 보고서인 『넥스트마켓(Creating Values for All)』은 "글을 읽지 못하는 사람을 위해 인도에서 개발된 지문인식 현금인출기는 안정성과 이용 편의를 인정받아 미국에 도입되었다"고 말한다. 적정기술과 비즈니스의 결합이 단순히 개발도상국을 대상으로 하는 사업이 아니라 전 세계를 대상으로 하는 하나의 사회 혁신으로 자리 잡아가는 추세다. 문맹률이라는 제약조건과 같이 혁신은 뛰어넘어야 할 제약이 존재할 때에 가시화되며, 적정기술은 혁신 설계에 대한 기본적 개념을 제공해준다.

적정기술과 국제개발협력

흔히 ODA(official development assistance)라 불리는 공적개

발원조와 국제개발협력 분야에서 적정기술은 새로운 대안 또는 기존의 개발협력의 취약한 분야를 보완할 수 있는 접근이 될 수 있다. 개발협력의 대상 분야는 국가와 사회를 아우르는 거의 모든 분야이기도 하다. 건축, 에너지, 수자원, 식량, 교통, 보건, 교육 등 다양한 분야에서 적정기술은 기존의 접근법이 간과하기 쉬운 역량개발에 효과를 낼 수 있다.

국제개발협력 분야에서는 다음과 같은 일이 종종 발생하곤 한다. 아프리카나 남미의 한 지역에 병원이 생긴다. 그 지역에서는 한 번도 사용되지 못했던 고가의 의료장비들이 설치되고, 개막식 날에는 흔히 정부기관의 고위직과 유력인사들이 테이프 커팅 행사를 위해 초대된다. 지역 언론에는 큰 기사가 실린다. 그런데 얼마 못 가서 이 병원의 문에는 자물쇠가 걸린다. 최첨단 설비들이 고장이 나서 수리할 수 없거나, 운영할 수 있는 별도의 비용과 연료 등이 부족하기 때문이다. 다시 사람들은 기존의 전통적인 현지 의료시설을 찾아간다. 현지인들이 첨단 병원을 운영하고 활용할 수 없는 역량 없이, 단지 설비나 인프라만 갖추어졌을 때 그것은 그야말로 '그림의 떡'이 될 확률이 높다.

적정기술은 사용자가 자신의 역량을 발전시키고 그에 기반한 새로운 기회를 창출하게끔 도울 수 있다. 1시간 동안 걸어가야 10리터도 안 되는 물밖에 길어올 수 없는 아이가 큐 드럼이란 적정기술 제품을 쓰면 한 번에 50리터를 길어올 수 있다. 5번 갔다 와야 할 상황이 1번으로 줄어들어 남은 시간에 학교 교육과 학습에 집중하거나 가정의 밭일을 도울 수 있다. 물을 길어오는 역량이 증가되므로 또 다른 기회를 활용할 수 있게 된 것이다. 슈퍼머니메이커와 같은 족동식 관개펌프도 마찬가지다. 이를 활용해 건기에도 농사를 계속할 수 있었던 농가의 수입이 연 100달러에서 1,000달러로 획기적으로 증가할 수 있었다. 개인의 힘으로 하면 불가능한 일이지만, 적정기술이 제공되면 가능해진다.

이와 같이 적정기술은 개인의 역량을 극대화하고, 이를 통해 확보된 시간 또는 증가된 소득으로 개개인의 발전을 유도한다. 적정기술재단이 중소기업진흥공단과 공동으로 진행한 적정기술과 국제개발협력 포럼에서 유네스코한국위원회 김동훈 팀장은 참가자들에게 "(적정)기술의 수혜자들은 과연 자신들의 소득이 증대하여 삶의 질을 선택할 수 있게 되었을 때 적정기술을 계속 사용할 것인가?"라고 물었다. 사실 특정한 적정기술을 현지인들이 계속적으로 사용하게 하는 것이 적정기술의 목표가 될 수 없다. 적정기술은 사용자의 현재 역량에 적합한 적정역량의 기술이자 도구일 뿐, 이를 통해 자신의 역량을 발전시킨 개개인은 자신에게 넓어진 선택의 기회를 활용해 보다 복잡하거나 수준 높은 기술군으로 옮겨 갈 수 있게 된다. 적정기술은 일종의 마중물이라 불릴 수도 있는데, 이는 적정기술이 최종목표가 아니라 다음 단계의 발전으로 이끄는 적정수단의 역할을 수행하기 때문이다.

적정기술을 기반으로 활발한 활동을 전개하는 국제개발

협력 기관으로는 네덜란드의 SNV(Netherland Development Organization)과 독일의 GIZ(Deutsche Gesellschaft für Internationale Zusammenarbeit) 등이 있다. 각각 네덜란드와 독일 정부의 대외 개발원조를 실행하거나 지원하는 기관인 이들은 역량개발을 중점목표로 삼아 전 세계에 걸쳐 재생에너지, 산림녹화, 식수, 위생, 교육 등에 다양한 적정기술 접근을 진행해 오고 있다. 한국의 대외원조 실행기관인 한국국제협력단에서도 산하의 지구촌체험전시관에 적정기술 코너를 운영하는 등 국내에서의 적정기술을 활용한 국제개발협력 논의도 점차 증가하는 추세다.

적정기술과 디자인

'적정기술의 개척자들'에서 언급한 바 있는 폴 폴락은 2010년 자신의 블로그에 "적정기술은 이제 사망했다"는 글을 올린 적이 있다. 그가 전하고자 했던 메시지는 적정기술 자체만을 논의하는 것이 의미가 없다는 표현이었지만, 적정기술의 담론이 보다 대중친화적인 디자인의 관점으로 옮겨갔다는 상징적인 선언이라고 볼 수도 있다. 적정기술에 속하는 많은 제품이나 아이디어들을 소개하는 신문이나 잡지의 글이 적정기술이란 표현 자체를 쓰지 않는 경우가 많아지고 있다. 오히려 '모두를 위한 디자인' '소외된 90퍼센트를 위한 디자인' 혹은 간단하게 '좋은 디자인'이란 표현을 발견하게 된다.

예를 들어 『월스트리트저널(The Wall Street Journal)』은 2011년 10월 2일 기사에 '박애주의적인 온기를 지닌 디자인 (Wearing a Philanthropic Heart on Their Designs)'이라는 커버 스토리를 실은 바 있다. 기사에는 손으로 작동하는 삼륜휠체어, 100달러 노트북 시리즈 중 태블릿 PC, 저소득층 학생들을 위한 안경 등이 소개되었는데, 이들은 적정기술이란 표현 대신 디자인으로 통칭되었다. "디자인의 근본적인 정신은 바로 사람을 섬기는 것이다"라는 기사 내용과 같이 디자인이란 개념 자체가 사실상 적정기술을 보다 구체적으로 표현하는 하나의 표현이 되어 가고 있다.

　이런 흐름은 단지 용어상의 변화뿐만이 아니다. 실제로 문제 해결에 집중하는 적정기술은 디자인 계통의 오랜 유산이자 강점인 '디자인 사고(design thinking)'를 통해 보다 혁신적이며 창의적인 결과를 유도해 낼 수 있다. 디자이너 에밀리 필로톤은 "모든 문제는 디자인이 문제라고 재정의될 수 있고, 그런 문제는 디자인으로 해결될 수 있다"고 말한다.

　적정기술과 디자인의 강렬한 결합을 상징하는 곳으로 IDEO라는 디자인회사가 있다. 세계 굴지의 디자인회사인 IDEO의 관련 홈페이지(www.ideo.org)에 접속해보면 "Let's design an end to poverty"라는 문구가 가장 먼저 눈에 띈다. 홈페이지에는 화장실이 없는 곳에 적용될 가정용 모바일화장실(In-house Sanitation), 여자와 노약자도 쉽게 물을 운반할 수 있도록 고안된 잔물결 물통(Ripple Effect) 등의 사례가 소개되어 있다.

고객의 니즈를 파악하고 소비문화를 만들었던 기존의 디자인회사와 디자이너들이 세계적인 빈곤, 위생, 교육, 쓰레기 등의 문제를 동일한 글로벌 고객의 필요로 받아들이고 있다. 이들이 표방하는 인간 중심의 디자인은 적정기술의 또 다른 이름인 인간 중심의 기술과 표현만 다를 뿐 동일한 지향점을 가리키고 있다. 미래학자들이 다가오는 사회를 드림소사이어티 혹은 디자인소사이어티라고 부르는 이때에 적정기술과 디자인의 융합은 적정기술이 미래에 어떻게 진화할 것인지를 엿보게 한다.

앞으로의 과제

2011년 수학능력시험 언어영역의 듣기평가에서 적정기술이 등장했고 교육과학기술부는 최근 '36.5도 체온의 과학기술' 진흥책을 발표하면서 적정기술을 국가적으로 지원하겠다고 밝혔다. 이제 적정기술이 국민기술로 자리 잡고 있다는 현상일까?

적정기술의 시대가 온 것은 분명한 사실이다. 다만 적정기술의 불길이 앞으로도 지속될 수 있을지는 여전히 지켜봐야 할 과제이다. 많은 혁신적인 운동이 처음에는 가파르게 성장했지만, 시간이 지나면서 의식이 변하고 초창기 선구자들이 세상을 떠남에 따라 명맥이 끊기는 사례를 우리는 역사적으로 확인할 수 있다. 적정기술이 현재에서 그 역할을 다할 수 있도록 하려면 무엇이 필요할까? 이 책은 적정기술에 대한 간단한 입문서 이긴 하지만 적정기술이 앞으로도 지속적인 운동이 될 수 있게끔 하는 몇 가지 특징을 살펴보기도 했다.

적정기술은 개발도상국에서만 활용되는 기술만을 말하지 않는다. 『Design Revolution(디자인 혁명)』이라는 책은 오히려 소위 선진국에서 활용되는 많은 적정기술 기반 제품을 소개하고 있다. 우리는 일본도 동일본 대지진을 겪으면서 태양광발전 소형랜턴이나 개인용 휴대정수장치 등 적정기술에 대한 사회적 관심이 높아진 것을 확인했다.

이처럼 적정기술은 시간이 지날수록 더욱 주목받을 전망이다. 과거와는 달리 현재는 항시적인 위기시대로 접어들었기 때문이다. 에너지, 경제, 식량, 기후변화 등의 위기 앞에서 지속가능한 발전을 고민해야 하는 정부, 기업, 시민사회 그리고 개개인 누구에게나 적정기술은 한결같은 방향성을 제시해주고 있다. 그것은 기술이든 자본주의든 이제는 '사람의 체온'을 덧입지 못하는 것은 지속가능하지 않다는 확고한 진실을 뜻한다.

적정기술이 하나의 담론 또는 접근으로만 그친다면 적정기술은 여전히 소수 전문가의 운동으로만 그칠 공산이 크다. 하지만 적정기술과 그것이 지향하는 지속가능한 발전이 강력한 삶의 방식으로 자리 잡을 때, 적정기술은 최첨단 기술과 함께 우리의 삶에서 공존할 수 있다.

지속가능한 삶은 적정하게 소비하고 생산하는 삶을 통해서만 가능하다. 현대사회에서 적정기술이 사람들에게 전달하는 때로는 불편한 메시지는 그 자체만으로 큰 의미를 주고 있다.

앞으로 전개될 사람 중심의 스마트사회, 최첨단 기술사회, 그리고 드림소사이어티의 한가운데에 적정기술이 자리하길 바란다.

참고문헌 ┌──

논문 및 단행본

김동훈, 「국제개발협력현장에서의 적정기술의 의미와 활용」, 『제3회 적정기술포럼 자료집』, 2011.

김정태·홍성욱 외, 『적정기술』 제2권, 한밭대학교 적정기술연구소, 2010.

김정태, 「위기시대 적정기술의 역할: 소외된 90퍼센트를 넘어 우리 모두를 위한 과학기술로」, 『STEPI 과학기술정책』 제183호, 2011.

김정태, 「인간의 얼굴을 한 기술은 가능한가?」, 『복음과 상황』 제250호, 2011년 8월.

나눔과기술, 『36.5도의 과학기술 적정기술』, 허원미디어, 2011.

니콜라스 카, 최지향 옮김, 『생각하지 않는 사람들』, 청림출판, 2011.

랭던 위너, 손화철 옮김, 『길을 묻는 테크놀로지』, 씨아이알, 2010.

매튜 크로포드, 정희은 옮김, 『모터사이클 필로소피』, 이음, 2010.

빅터 파파넥, 현용순 외 옮김, 『인간을 위한 디자인』, 미진사, 2009.

손화철·홍성욱 외, 『적정기술』 제1권, 한밭대학교 적정기술연구소, 2009.

스미소니언연구소, 허성용 외 옮김, 『소외된 90%를 위한 디자인』, 에딧더월드, 2010.

에른스트 슈마허, 이상호 옮김, 『작은 것이 아름답다』, 문예출판사, 2002.

유엔개발계획, 전해자 옮김, 『넥스트마켓』, 에이지21, 2011.

홍성욱·하재웅·김정태 외, 『적정기술을 활용한 ODA의 효과적 추진 방안에 대한 연구』, 특허청, 2010.

LG경제연구원, 『2020 새로운 미래가 온다』, 한스미디어, 2010.

Barrett Hazeltine, *Field Guide to Appropriate Technology,* Academic Press, 2003.

Carol Pursel, *American Technology,* Wiley-Blackwell, 2001.

Emily Pilloton, *Design Revolution: 100 Products that*

empower the people, Metropolis Books, 2009.

Hans Bakker, "The Gandhian Approach to Swadeshi or Appropriate Technology: A Conceptualization in Terms of Basic Needs and Equity", *Journal of Agricultural and Environmental Ethics*, 1990.

George Mcrobie, *Small is Possible*, Harper Collins Publishers, 1981.

Ken Darrow et al., *Appropriate Technology Sourcebook*, Village Earth, 1981.

Paul Polak, *Out of Poverty*, Berrett Koehler, 2008.

신문 및 잡지 기사

'제33회 전국학생과학발명품경진대회', 「동아일보」, 2011년 7월 28일.

'Low-tech High-concept, 쉽고 친근한 기술이 좋다', 「동아비즈니스리뷰」 제85호, 2011.

'Wearing a Philanthropic Heart on Their Designs', *The Wall Street Journal*, October 2, 2011.

인터넷 사이트

http://other90.cooperhewitt.org

http://www.ideo.org

http://www.sustain.kr/bbs/tb.php/full/1328

http://www.dlightdesign.com

http://other90.cooperhewitt.org

http://www.thewatercone.com

http://www.wired.com/underwire/2007/04/cooperhewittsh/

프랑스엔 〈크세주〉, 일본엔 〈이와나미 문고〉,
한국에는 〈살림지식총서〉가 있습니다.

📖 전자책 | 🔍 큰글자 | 🔊 오디오북

적정기술이란 무엇인가 세상을 바꾸는 희망의 기술

펴낸날	초판 1쇄 2011년 12월 21일
	초판 10쇄 2020년 7월 10일

지은이	김정태 · 홍성욱
펴낸이	심만수
펴낸곳	(주)살림출판사
출판등록	1989년 11월 1일 제9-210호

주소	경기도 파주시 광인사길 30
전화	031-955-1350 팩스 031-624-1356
홈페이지	http://www.sallimbooks.com
이메일	book@sallimbooks.com

ISBN	978-89-522-1665-6 04080
	978-89-522-0096-9 04080(세트)

126 초끈이론 아인슈타인의 꿈을 찾아서　　eBook

박재모(포항공대 물리학과 교수)·**현승준**(연세대 물리학과 교수)

빠르게 발전하고 있는 초끈이론을 일반대중이 이해할 수 있도록 쉽게 풀어쓴 책. 중력을 성공적으로 양자화하고 모든 종류의 입자와 그들 간의 상호작용을 포함하는 모형으로 각광받고 있는 초끈이론을 설명한다. 초끈이론을 이해하기 위해 필요한 양자역학이나 일반상대론 등 현대물리학의 제 분야에 대해서도 알기 쉽게 소개한다.

125 나노 미시세계가 거시세계를 바꾼다　　eBook

이영희(성균관대 물리학과 교수)

박테리아 크기의 1000분의 1에 해당하는 크기인 '나노'가 인간 세계를 어떻게 바꿔 놓을 것인지에 대한 해답을 제시하는 책. 나노기술이란 무엇이고 나노크기의 재료들은 어떻게 만들어지는가, 나노크기의 재료들을 어떻게 조작해 새로운 기술들을 이끌어내는가, 조작을 통해 어떤 기술들을 실현하는가를 다양한 예를 통해 소개한다.

448 파이온에서 힉스 입자까지　　eBook

이강영(경상대 물리교육과 교수)

누구나 한번쯤 '우주는 어디에서 시작됐을까?' '물질의 근본은 어디일까?'와 같은 의문을 품어본 적은 있을 것이다. 물질과 에너지의 궁극적 본질에 다가서면 다가설수록 우주의 근원을 이해하는 일도 쉬워진다고 한다. 이 책은 바로 이러한 질문들의 해답을 찾기 위해 애쓰는 물리학자들의 긴 여정을 담고 있다.

035 법의학의 세계　　eBook

이윤성(서울대 법의학과 교수)

최근 드라마나 영화를 통해 일반인의 호기심을 자극하고 있지만 거의 알려지지 않은 법의학을 소개한 책. 법의학의 여러 분야에 대한 소개, 부검의 필요성과 절차, 사망의 원인과 종류, 사망시각 추정과 신원확인, 교통사고와 질식사 그리고 익사와 관련된 흥미로운 사건들을 통해 법의학에 대한 이해를 돕는다.

395 적정기술이란 무엇인가

김정태(적정기술재단 사무국장)

적정기술은 빈곤과 질병으로부터 싸우고 있는 전 세계의 사람들에게 희망을 안겨주는 따뜻한 기술이다. 이 책에서는 적정기술이 탄생하게 된 배경과 함께 적정기술의 역사, 정의, 개척자들을 소개함으로써 적정기술에 대한 기본적인 이해를 돕고 있다. 소외된 90%를 위한 기술을 통해 독자들은 세상을 바꾸는 작지만 강한 힘이란 무엇인가에 대해서 알 수 있을 것이다.

022 인체의 신비

이성주(코리아메디케어 대표)

내 자신이었으면서도 여전히 낯설었던 몸에 대한 지식을 문학, 사회학, 예술사, 철학 등을 접목시켜 이야기해 주는 책. 몸과 마음의 신비, 배에서 나는 '꼬르륵' 소리의 비밀, '키스'가 건강에 이로운 이유, 인간은 왜 언제든 '사랑'할 수 있는가에 대한 여러 학설 등 일상에서 일어나는 수수께끼를 명쾌하게 풀어 준다.

036 양자 컴퓨터

이순칠(한국과학기술원 물리학과 교수)

21세기 인류 문명에서 가장 중요한 요소 중의 하나로 꼽히는 양자 컴퓨터의 과학적 원리와 그 응용의 효과를 소개한 책. 물리학과 전산학 등 다양한 학문적 성과의 총합인 양자 컴퓨터에 대한 이해를 통해 미래사회의 발전상을 가늠하게 해준다. 저자는 어려운 전문용어가 아니라 일반 대중도 이해가 가능하도록 양자학을 쉽게 설명하고 있다.

214 미생물의 세계

이재열(경북대 생명공학부 교수)

미생물의 종류 및 미생물과 관련하여 우리 생활에서 마주칠 수 있는 여러 현상들에 대해, 알기 쉽게 풀어 설명한다. 책을 읽어나가며 독자들은 미생물들이 나름대로 형성한 그들의 세계가 인간의 그것과 다름이 없음을, 미생물도 결국은 생물이고 우리와 공생하고 있다는 사실을 알 수 있을 것이다.

375 레이첼 카슨과 침묵의 봄 `eBook`

김재호(소프트웨어 연구원)

『침묵의 봄』은 100명의 세계적 석학이 뽑은 '20세기를 움직인 10권의 책' 중 4위를 차지했다. 그 책의 저자인 레이첼 카슨 역시 「타임」이 뽑은 '20세기 중요인물 100명' 중 한 명이다. 과학적 분석력과 인문학적 감수성을 융합하여 20세기 후반 환경운동에 절대적 영향을 준 레이첼 카슨과 『침묵의 봄』에 대한 짧지만 알찬 안내서.

277 사상의학 바로 알기 `eBook`

장동민(하늘땅한의원 원장)

이 책은 사상의학이라는 단어는 알고 있지만 심리테스트 정도의 흥밋거리로 알고 있는 사람들에게 바른 상식을 알려 준다. 또한 한의학이나 사상의학을 전공하고픈 학생들의 공부에 기초적인 도움을 준다. 사상의학의 탄생과 역사에서부터 실생활에서 적용할 수 있는 간단한 사상의학의 방법들을 소개한다.

356 기술의 역사 펜석기에서 유전자 재조합까지

송성수(부산대학교 기초교육원 교수)

우리는 기술을 단순히 사물의 단계에서 생각하기 쉽다. 하지만 기술에는 인간의 삶과 사회의 배경이 녹아들어 있다. 기술의 역사를 통해 우리는 기술과 문화, 기술과 인간의 삶을 연결시켜 생각할 수 있게 될 것이다. 이 책을 읽은 후 주변에 있는 기술을 다시 보게 되면, 그 기술이 뭔가 다른 느낌으로 다가올 것이다.

319 DNA분석과 과학수사 `eBook`

박기원(국립과학수사연구소 연구관)

범죄수사에서 유전자분석에 대한 관심이 커지고 있지만 간단하게 참고할 만한 책은 거의 없는 실정이다. 이 책은 적은 분량이지만 가능한 모든 분야와 최근의 동향을 소개하고 있다. 특히, 내용의 이해를 돕기 위하여 서래마을 영아유기사건이나 대구지하철 참사 신원조회 등 실제 사건의 감정 사례를 소개하는 데도 많은 비중을 두었다.

과학 · 기술

eBook 표시가 되어있는 도서는 전자책으로 구매가 가능합니다.

(주)살림출판사
www.sallimbooks.com
주소 경기도 파주시 문발동 522-1 | 전화 031-955-1350 | 팩스 031-955-1355